江戸のなりたち

1 江戸城・大名屋敷

追川吉生❖著

新泉社

はじめに——地下に眠る都市・江戸

プラットホームに響きわたる発車のベルと拡声器からの声が伝わってくる。東京駅の新幹線ホームに隣接する発掘現場。溝や石組が縦横に走り、ところどころに深く掘られた穴があり、非常に入り組んだ現場で、歩くコースを確保するのも容易ではない。

ここは東京駅八重洲北口遺跡。東京駅の八重洲北口に隣接したビルの再開発にともなう発掘調査で、江戸時代初期の遺構・遺物が発見された。東京駅の目の前に、江戸時代の人々が暮らしていた痕跡が残っていたのである。

ビルをはさんだ東側は八重洲通り。ここはかつての江戸城の外堀を埋め立てたもの。八重洲の名は、慶長五年（一六〇〇）に豊後に漂着し、その後、徳川家康に用いられ、この地に屋敷を拝領したオランダの航海士、ヤン・ヨーステンに由来する。

千代田区、ことに江戸城周辺一帯は、家康が江戸に入府した直後から開発が進められた場所で、都内でもとくに江戸時代初期の遺構や遺物がみつかっている。東京駅八重洲北口遺跡も例外ではなく、幕末に至るまでの暮らしの痕跡が層をなして残っていた。

家康入府直後の地層からは、一〇基のキリシタン墓と聖母マリアのメダルやロザリオがみつかった。このあたりは江戸時代のはじめから武家地として利用されていたと考えられていた。キリシタン墓を含む墓地が確認されたことは、江戸の開発を考えるうえで新たな発見だった。考古学が江戸時代の研究に貢献した一例である。

その後、遺跡の北側は寛永八年（一六三一）から元禄一一年（一六九八）までは南町奉行の役宅となり、一八世紀半ばには田沼意次《おきつぐ》が上屋敷として拝領した。南側では吉良《きら》上野介《こうずけのすけ》の名がみえ、文化三年（一八〇六）からは北町奉行所として利用され、遠山左衛門尉《さえもんのじょう》もいた。こうして私たちが通勤や買い物で歩いている街が、一転して歴史の表舞台に浮かび上がってくる。

聖母マリアのメダル

表(左)に三日月上の聖母マリア(頭上に星)。裏(右)は腐食のため詳細不明。(6＝遺跡番号、10頁の探訪遺跡地図参照、以下同)

江戸の町は、文明開化、関東大震災、そして戦災によってほぼ姿を消している。江戸城でさえ皇居と名をかえ、いまは堀の石垣と櫓《やぐら》がかろうじて残っているだけである。けれども、地下にはその痕跡が眠っているのだ。そして近年の都心の再開発によって、眠りについていた江戸の痕跡がいたるところで目覚めている。

それらの痕跡に当時の暮らしを語ってもらうためには、聞き手である私たちに多少の訓練が必要だ。しかし、それは決して難しい訓練ではない。これから私たちは江戸の遺跡を歩きながら、その声に耳を傾けてみることにしよう。

ロザリオ

カソリック教会で行われるロザリオの祈りで、回数を確認するために用いられる。ガラス製。

【目次】

Ⅱ 外堀探訪

Ⅲ　大名屋敷探訪　86

Ⅳ 大名庭園探訪 138

装幀 勝木雄二

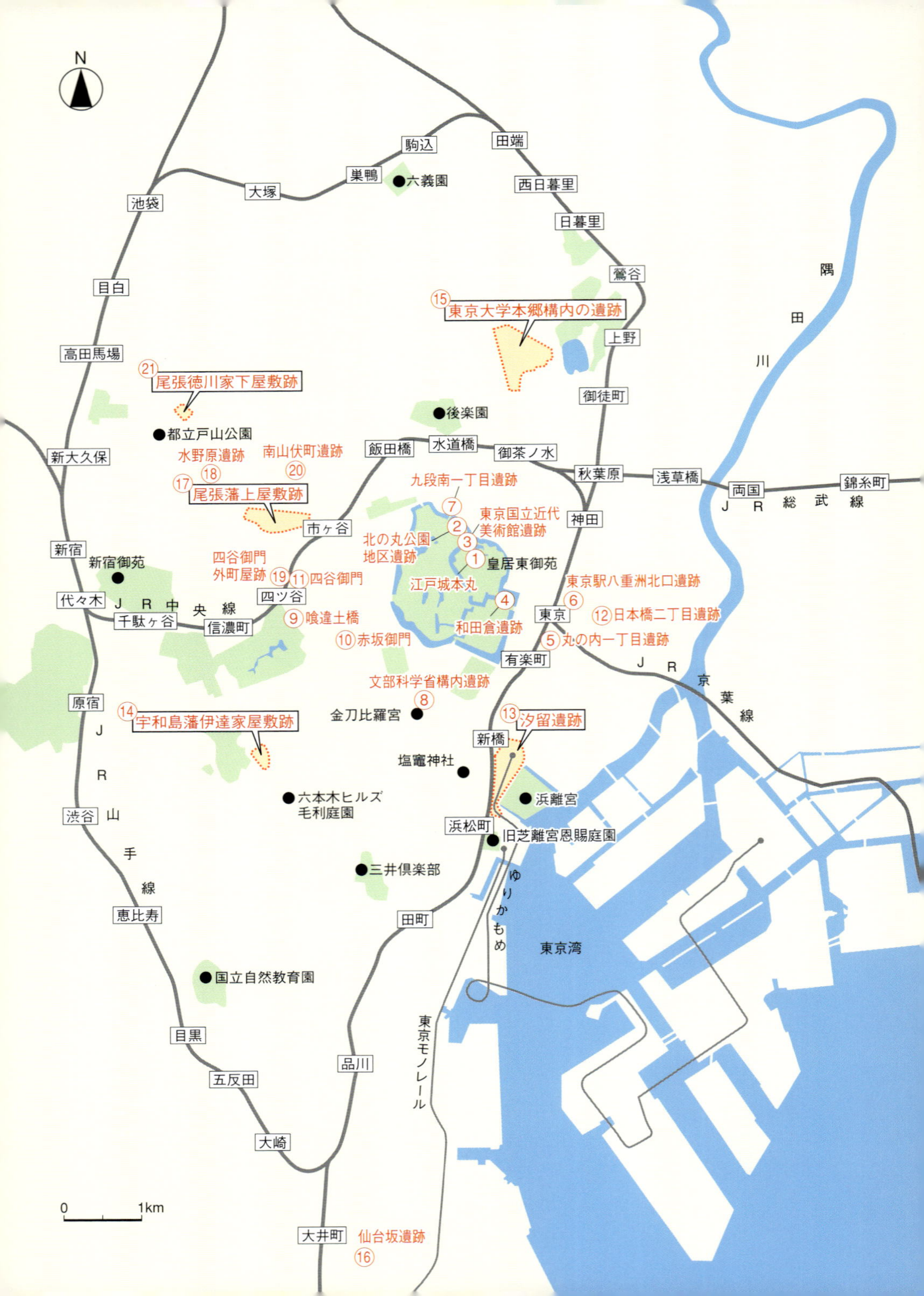

N
池袋
大塚
巣鴨
駒込
田端
西日暮里
日暮里
鶯谷
上野
御徒町
秋葉原
神田
東京
有楽町
新橋
浜松町
田町
品川
大井町
大崎
五反田
目黒
恵比寿
渋谷
原宿
代々木
新宿
新大久保
高田馬場
目白
千駄ヶ谷
信濃町
四ツ谷
市ヶ谷
飯田橋
水道橋
御茶ノ水
浅草橋
両国
錦糸町
JR総武線
JR中央線
JR山手線
JR京葉線
ゆりかもめ
東京モノレール
隅田川
東京湾
六義園
後楽園
都立戸山公園
新宿御苑
皇居東御苑
金刀比羅宮
塩竈神社
浜離宮
旧芝離宮恩賜庭園
六本木ヒルズ毛利庭園
三井倶楽部
国立自然教育園
①江戸城本丸
②北の丸公園地区遺跡
③東京国立近代美術館遺跡
④和田倉遺跡
⑤丸の内一丁目遺跡
⑥東京駅八重洲北口遺跡
⑦九段南一丁目遺跡
⑧文部科学省構内遺跡
⑨喰違土橋
⑩赤坂御門
⑪四谷御門
⑫日本橋二丁目遺跡
⑬汐留遺跡
⑭宇和島藩伊達家屋敷跡
⑮東京大学本郷構内の遺跡
⑯仙台坂遺跡
⑰尾張藩上屋敷跡
⑱水野原遺跡
⑲四谷御門外町屋跡
⑳南山伏町遺跡
㉑尾張徳川家下屋敷跡
0 1km

探訪遺跡一覧

遺跡名	所在地	報告書
1 江戸城本丸	千代田区千代田1-1	『書陵部紀要40号』
2 北の丸公園地区遺跡	千代田区北の丸公園4-1	『江戸城跡　北の丸公園地区遺跡』
3 東京国立近代美術館遺跡	千代田区北の丸公園3-1	『竹橋門』
4 和田倉遺跡	千代田区皇居外苑3	『江戸城和田倉遺跡』
5 丸の内一丁目遺跡	千代田区丸の内1-40他	『丸の内一丁目遺跡Ⅰ・Ⅱ』
6 東京駅八重洲北口遺跡	千代田区丸の内1-41	『東京駅八重洲北口遺跡』
7 九段南一丁目遺跡	千代田区九段南1-2	『九段南一丁目遺跡』
8 文部科学省構内遺跡	千代田区霞が関3-4-1他	『文部科学省構内遺跡Ⅰ・Ⅱ』
9 喰違土橋	千代田区紀尾井町 港区元赤坂2	『江戸城外堀跡　赤坂御門・喰違土橋』
10 赤坂御門	千代田区紀尾井町1	『江戸城外堀跡　赤坂御門・喰違土橋』
11 四谷御門	千代田区麹町6	『江戸城の考古学 —江戸城跡・江戸城外堀跡の発掘報告—』
12 日本橋二丁目遺跡	中央区日本橋2-7	『日本橋二丁目遺跡』
13 汐留遺跡	港区東新橋1-5他	『汐留遺跡Ⅰ～Ⅳ』
14 宇和島藩伊達家屋敷跡	港区六本木7-22-1	『宇和島藩伊達家屋敷跡遺跡 —新国立美術展示施設建設に伴う調査—』他
15 東京大学本郷構内の遺跡	文京区本郷7-3-1	『東京大学本郷構内の遺跡 山上会館・御殿下記念館地点』他
16 仙台坂遺跡	品川区東大井4-2	『仙台坂遺跡』
17 尾張藩上屋敷跡	新宿区市谷本村町5-1	『尾張藩上屋敷跡遺跡Ⅰ～Ⅹ』
18 水野原遺跡	新宿区若松町4	『水野原遺跡』
19 四谷御門外町屋跡	新宿区四谷1	『江戸城外堀跡　四谷御門外町屋跡』
20 南山伏町遺跡	新宿区南山伏町16	『南山伏町遺跡』
21 尾張徳川家下屋敷跡	新宿区戸山1-24-1	『尾張徳川家下屋敷跡Ⅱ』

＊探訪した各遺跡の調査成果は各報告書を参考にした。参考文献は次巻にまとめて掲載。
＊上記遺跡名は報告書の記載にもとづいており、本文では若干異なるところがある。
＊各所在地は右頁の地図参照。

江戸のなりたち［1］江戸城・大名屋敷

I

江戸城探訪

中世の江戸城と家康の入府

家康の江戸入府

陰暦の八月一日は八朔《はっさく》とよばれている。早稲《わせ》が実る頃で、古来から豊作を祈願し、新穀《しんこく》をはじめとした贈答品のやりとりをする風習があった。

徳川家康がはじめて江戸城に入ったのは、天正一八年（一五九〇）のこの日。実際は家臣の中の先発隊が既に江戸入りし、家康自身もこれより一〇日ほど前には入っていたようである。だから公式の入城日（江戸御打入り）として、新しい穀物の収穫を祝う八朔を選んだといったところだろう。爾来、幕府の創立記念日として八朔は、正月に次ぐ祝日として重んじられた。江戸城ではこの日、白帷子《しろかたびら》に身を包んだ大名が総登城し、やはり白帷子に長袴《ながばかま》の将軍に祝詞を述べる「八朔御祝儀」が行われた。この行事には大名ばかりでなく、旗本や町人の代表も参加していたし、吉原での花魁道《おいらんどう》中《ちゅう》も白小袖で行われるようになっていった。

江戸は、一一世紀に江戸重継《しげつぐ》が現在の皇居周辺に建てた居館をはじまりとする。江戸氏は秩父氏（桓武平氏）から出た一族で、江戸というのは江（＝入江）の入り口という地形に由来する。事実、家康が入府した直後の江戸には、現在の東京駅あたりまで日比谷入江とよばれる内湾が入り込んでいた（図1）。

江戸氏はその後、鎌倉幕府の御家人となり、南北朝の時代を切り抜けていったが、室町時代にはしだいに衰えていったようだ。

太田道灌と中世の江戸城

替わって江戸に入ったのが、扇谷《おうぎがやつ》上杉家の部将・太田資長《すけなが》（道灌《どうかん》）である。道灌は江戸氏の居館跡に築いた江戸城を中心に、南関東一円で活躍した。

この頃の江戸城は、現在の北の丸から本丸にかけての一帯にあったらしい。竹橋にある東京国立近代美術館遺跡からは、中世の陶磁器などが出土している。羽釜《はがま》や擂鉢《すりばち》、陶器皿といった日常品に加えて、茶入や天目《てんもく》茶碗といった茶器や香炉がある（図3）。また、中国の景徳鎮《けいとくちん》や龍泉窯《りゅうせんよう》製の輸入磁器もいくつかある。日常食器とともに、茶の湯道具や輸入食器が出土するこうした状況は、ここに中世の城があったことを反映している。

さて、扇谷上杉家の勢力拡大と繁栄は、もともと道灌によるところ大であった。だから、道灌が主の上杉定正《さだまさ》（『南総里見八犬伝』で、里見家を滅ぼす敵役・扇谷定正のモデル）によって殺害されると、扇谷上杉家は衰退の一途をたどる。最終的に、江戸城が小田原を本拠とする戦国大名・北

図１　東京の地形（レーザー測量）

台地東縁の江戸には細い谷が入り組んでおり、
海岸線もいまより内陸にあった。

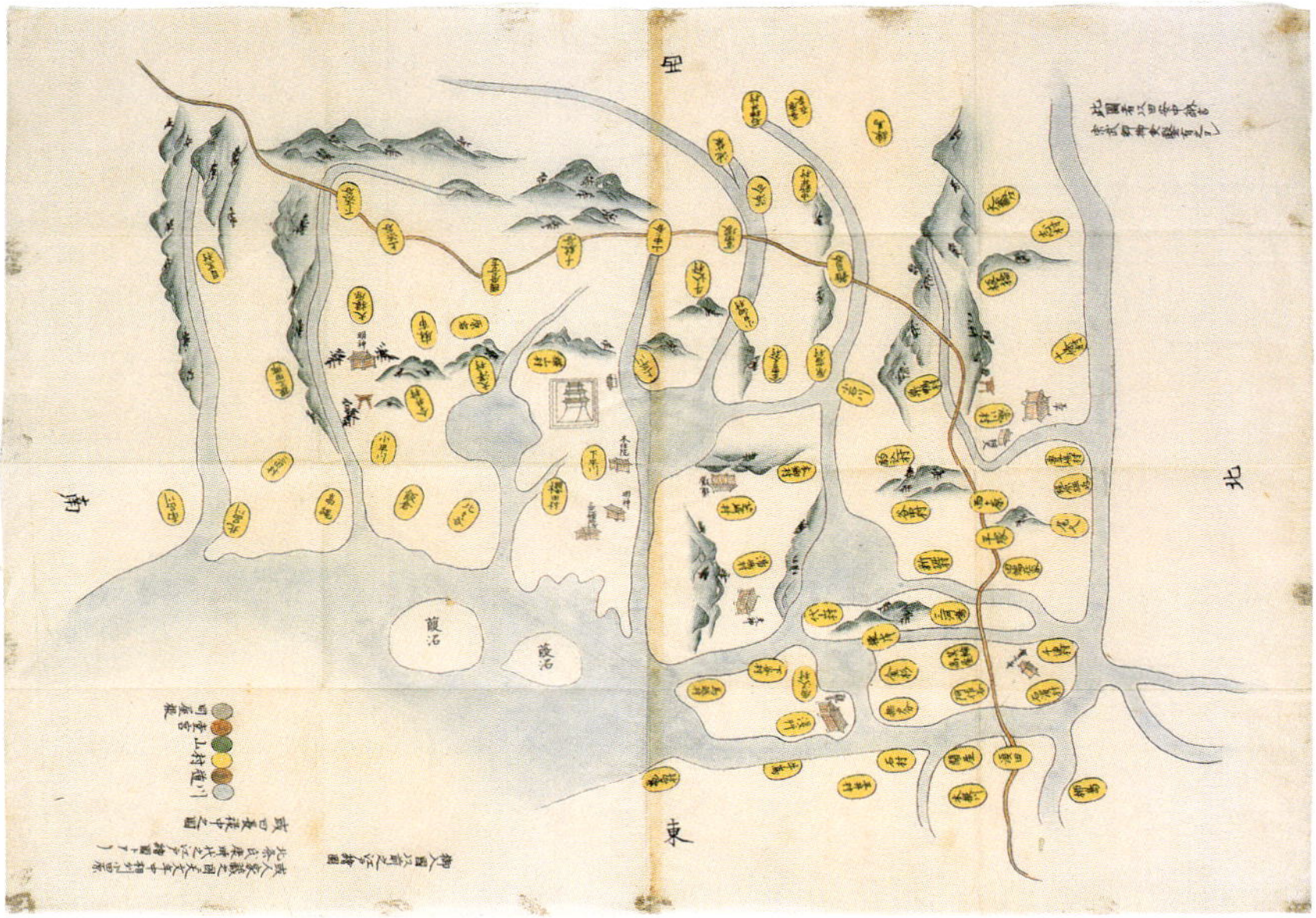

図２　**長禄江戸図**

日比谷入江の様子、前島がみられないことなどから、
江戸時代に描かれたと考えられる。

図３　**江戸城出土の中世陶磁器**

輸入磁器や茶道具も出土しており、中世の
江戸城の暮らしぶりをうかがわせる。(3)

条氏（後北条氏）の手に落ちるのは、大永《だいえい》四年（一五二四）のことだった。そのとき、扇谷上杉家にあって北条氏綱《うじつな》に内通したのが、道灌の孫の太田資高《すけたか》である。思うに扇谷上杉家滅亡の砂時計は、定正が家宰・道灌を謀殺したときに落ちはじめたのだろう。その後も北条氏は拠点を小田原城から移さなかったが、江戸城は勢力拡大の拠点として重要な位置を占めていく。

一方、三河の有力大名だった徳川家康は、織田信長が亡くなって後、豊臣秀吉に臣従していた。そして秀吉の小田原征伐の際に、三河一帯の旧領から相模・伊豆・武蔵・上総・下総・上野の六カ国へと新たに封じられ、天正一八年（一五九〇）の江戸御打入りとなる。家康、このとき四九歳。関東への国替えは相当な決断と覚悟がいったことであろう。しかもこの新しい領地は、依然として北条氏の支配地だった。

こうして遠征途中で国替えを命じられた家康とその家臣団は、故郷に戻ることなく任地へと赴いた。菩提寺や墓所までも新天地で確保しなくてはならなかった。そうして江戸での徳川家の菩提寺となったのが、芝の増上寺である。

江戸初期の湾岸開発

家康が入府する前の江戸を、海に面した一寒村とイメージするのは適当ではない。陸上交通と海上交通、どちらの要衝にも位置していた江戸は、周辺地域への物資の集積地だった。江戸氏によって館が築かれた鎌倉時代以来、江戸は中世東国の地方都市として発展していった。われわれが抱く、一面に葦が広がる海辺の寒村を、家康（権現様）が巨大都市へと造り替えたというイメージは、幕府のイメージ戦略を引きずったものである。

とはいえ、遺跡から出土する中世の遺物は、京都・鎌倉・博多といった都市とくらべて限定されている。江戸が、二四〇万石に加増された家康率いる大家臣団とその一族が移り住むほどの都市ではなかったことも事実だろう。今後の発掘調査の進展によって、中世の江戸の姿も明らかになっていくと思われる。

図4は、いまや湾岸の新しい顔となっている「汐留シオサイト」の開発前に行われた発掘調査の一コマである。手前と奥とに大きな横穴が掘られている。その中に二条の柱列が写っているのがおわかりだろうか。柱のようにみえているのは、直径一〇～一五センチ、長さ二メートル程度の丸太である。それが二列、やや傾いた角度でうがたれている。その上には竹の柵《しがらみ》や板が据えられていた。

これは江戸初期に、汐留を造成した際の土留めの跡である。「汐留」の地名は、江戸湾の海水が、江戸城外堀に遡上するのを防いだことに由来している。このあたりはもともと海に面した浅瀬だった。そこに仙台藩伊達《だて》家（上屋敷）、龍野《たつの》藩脇坂家・会津藩保科《ほしな》家（中屋敷）が藩邸を拝領した。そして**図4**のような、藩邸造成の工事が行われたのである。

仙台藩邸にあたる部分の発掘調査が**図4**で、仙台藩はここを寛永一八年（一六四一）に拝領しているので、埋め立て工事が行われたのは、それよりも前ということになる。将軍は三代家光に替わっているが、江戸はこの頃ようやく外堀の普請が完了する（詳しいことはⅡ章「外堀探訪」でみていくが、「天下普請」とよばれる全国の大名を動員した大プロジェクトだった）。汐留遺跡で行われた造成も、江戸時代初期の湾岸開発といえる。

図４　**汐留でみつかった江戸初期の土留め跡**

東京の湾岸開発の元祖ともいうべき埋め立て工事。
その後、大名が屋敷地として拝領した。(13)

図６　**江戸城北の丸の造成**

台地縁辺にある江戸城では、高低差を均すための造成工事も大規模だった。(2)

図５　**九段の常燈明台**

かつてこの燈台が東京湾を行き交う船の目印だった。

柵の跡からは多量の貝殻が出土した。埋立地のここでは、湧き出す地下水から柵を守る対策が必要だった。これはその工夫の一つ。貝殻によって湧き出す地下水は分散して排水される。土留めの柵が二条認められるのは、埋め立て工事が二度にわたって行われたことを示している。

惣城下町を目指して

いまでも東京は、海岸を埋め立てて拡大を続けている。汐留遺跡が示すように、海へ向かって膨張し続けるこの都市の性格は、江戸時代初期からのものである。だから、江戸初期の海岸線がいまよりもずっと内側だったことはわかっているが、その実態については不明な点も多い。

およそ江戸城東南部の日比谷あたりにまで入江が袋状にせまっていて、その東側には江戸前島とよばれる微高地が、本郷台地から日本橋・新橋あたりまで続いていたと考えられている（**図1**）。**図2**は現在残っている江戸の絵図としては最も古いものの一つである。川の様子が江戸時代終わりの地図と比較してずいぶんと違っていることが読み取れるが、江戸前島は描かれていない。このように江戸初期の地形の様子を絵図だけを頼りに明らかにしていくことは難しく、むしろ近年増えている低地や湾岸近辺の発掘調査の成果が新しい知見をもたらしている。

ところで、江戸前島は、江戸御打入り後の天正一九年（一五九一）まで鎌倉・円覚寺の荘園だった。もとは江戸氏一族によって北条得宗《とくそう》家に寄進されたもので、これが鎌倉時代末期に北条氏から円覚寺へと寄進されたらしい。この鎌倉の有力寺院の荘園が、どのように徳川家の領地へ組み込まれていったかについての事情はよくわからない。家康が秀吉から新しい領地を示されたのと相前後して、円覚寺もまた秀吉から所領を安堵されていたので、家康にとって微妙な問題をはらんでいたことは確かだろう。

　ともかくも家康は江戸前島の付け根部分に舟入堀《ふないりぼり》（道三堀）を開削した。道三堀は現在の日本橋川とほぼ同じ流路で、江戸城と江戸湾とを結んでいる。さらに小名木川《おなぎがわ》という運河と連絡することによって、行徳の塩をはじめとした利根川方面の米や食料の供給路となる。

　工事を担ったのは徳川家の家臣たち。五大老筆頭とはいえ、家康はいまだ豊臣家の大名だったからだ。全国の大名を動員した「天下普請」といわれる大工事は、家康が征夷大将軍の宣下を受けた後の、慶長九年（一六〇四）から行われる。現在、駿河台とよばれるあたりにあった、本郷台地先端の神田山を切り崩して、日比谷入江を埋め立てたのはこの時のこと。全国の城下町を凌駕する「惣《そう》城下町」へ向けての、江戸の都市開発の本格的なスタートである（62頁、表1参照）。

　この都市開発が一応の完成をみたのは、第五次天下普請の終わった寛永一三年（一六三六）のことだった。江戸は家康から家光まで、およそ半世紀をかけて形づくられた都市だったのである。

元和の北の丸普請

「城もかたちばかりにて、城の様にもこれなく」

石川正西《いしかわしょうさい》の『聞見集《ぶんけんしゅう》』に記された「江戸御打入り」直後の江戸城の情景である。そのまま受け入れてしまうのは問題だが、秀吉の大坂城、伏見城を目にしている家康の家臣たちには、東国の一支城が何とも頼りないものにみえたに違いない。それでも家康は、いらざる立派だては無用という。

城はおいおい拡大していくとしても、まずはそれを支える都市基盤の整備こそが急務だったからだろう。都市という基盤が不十分な城は、それこそ砂上の楼閣だからだ。

それでも第一次天下普請から、江戸城の整備もおいおい進められていった。その手はじめとして、本丸と二の丸の間にあった空堀を埋め立て本丸を拡張した。あわせて西の丸の建設工事にも着手している。

江戸城は台地の突端部に位置している。西の丸の半蔵門付近が標高二九メートルと最も高く、次いで北の丸・田安門付近が二四メートル。北の丸公園にある日本武道館に行かれた方なら、九段下駅から武道館へと向かう途中に、明治時代の灯台である常燈明台が残されているのをご存じだろう（図5）。かつて東京湾を行き交う漁船はこの灯台をたよりにしていたことでもわかるように、地形は南へ行くにしたがって低くなる。その一番低い場所が埋め立てられた日比谷入江となる。

ところで発掘調査から当時の歴史を学ぶ考古学では、台地に刻まれた過去の暮らしの痕跡を見つけ出すことが研究のスタートとなる。日本の発掘では、建物がそのままの状態で検出されるということはない。けれども柱の跡や礎石、井戸やゴミ穴などは、次の時代の造成時にパックされて地層となり、現在の地表まで累積することになる。こうした各時代、各時期に営まれた生活の痕跡が認められる地層を「生活面」とか「文化面」とよんでいる。発掘調査で地層の観察が大切なのはまさにこの点で、私たちは調査している遺構がどの生活面のものであるか、そしてそれがいつ頃の時期のものであるかをつねに意識しながら発掘を行っている。

発掘調査時にみられる地層の堆積例を一つあげよう。図6は、北の丸公園内の科学技術館に隣接する第一機動隊内の発掘調査時のものである。ここでは現在の地表から深さ二メートルの間に、江戸時代の生活面を二枚確認した（一七世紀代と一九世紀代）。

写真には男性が五人並んでいるが、そのうち上の三人がいる範囲である。そこから下には生活面は認められない。ではなぜ、男性五人分も掘り下げたのかというと、発掘調査では遺跡地本来の地盤（これを地山《じやま》という）まで掘って、人間の生活の痕跡を余すことなく調べるのが基本なのである。ここでは一番下にいる男性の足下が地山だったわけである。その標高は海抜二・五メートル。では下の二人のいる地層（厚さ五・五メートル）はどのように堆積したのだろうか。

観察の結果、これは長い年月をかけて徐々に堆積していったのではなく、短期間に一気に埋められた盛土《もりつち》であることがわかった。一七世紀代の生活面には一六二〇年代の遺構も確認されていることから、この盛土はその直前、二代秀忠によって行われた第三次天下普請（元和六年〔一六二〇〕）の、北の丸普請によるものと考えられる。

この普請で北の丸は石垣を築き、城郭として整備されたといわれている。しかしこの付近の標高はおよそ一〇メートル。対する調査地の地山は二・五メートル。下の二人の男性の背後にある盛土は、傾斜地を北の丸の郭内へ取り込むための造成工事の痕跡だったのである。

江戸城は明暦三年（一六五七）の振袖火事（明暦の大火）で類焼して以来、天守は再建されなかった。しかし最初に家康が築いた天守は、その頃最大だった秀吉の大坂城をはるかにしのぐ規模だった（床面積で倍）と伝えられている。その建築のベースには、こうした大土木工事があったのである。それでは次に、実際に江戸城を訪ねてみることにしよう。

図 7　現在の江戸城（皇居）内郭

30 万 7000 坪、周囲約 2 里の内郭は、
大坂城の外郭に匹敵する。

登城、大手門から本丸へ

江戸城

堀（外堀）や土塁で囲い込まれた範囲を総構え《そうがまえ》（外郭《がいかく》）という。江戸城の場合、総構えは現在の千代田区とほぼ同じ広さであった。その中央部にあり、さらに堀（内堀）で画されたエリアを内郭《ないかく》という（**図7**）。私たちが城と聞いてイメージする、何重もの城門や塀の向こうに櫓《やぐら》や天守がそびえる図というのが内郭で、城の中心部にあたる。江戸城の内郭は、江戸時代の日本の政治の中心部ともいえる。その面積はおよそ三〇万七〇〇〇坪。

江戸城の内郭で、いま一つ忘れてはならないのが、一部はいまだ宮殿として使われている点だろう。ここは江戸城「跡」であるとともに、皇居（戦前までは宮城）である。内閣総理大臣の親任式や外国大使の信任状奉呈式など、国事行為が行われている場でもある。言ってみれば江戸城は、名前や性格を変えながらも依然として現役である唯一の城である。

そのため発掘調査は多くない。東側（**図7**でいう北の丸、本丸、西の丸下）は公園として開放され、西側（西の丸と吹上）が皇居である江戸城跡では、都心でみられるような大規模開発にともなう発掘調査は行われない。だから、遺跡から江戸城を探ることはなかなか難しいのが現状である。

しかし、天下の惣城下町・江戸のなりたちを探訪するのに江戸城は欠かせない。幸い、本丸周辺が東御苑として公開されているので、この東御苑を歩くことから探訪をスタートしよう。

大手門

堀に架けられた城門を見附《みつけ》とよぶ。四谷見附や赤坂見附といった見附がそれである。江戸城の城門は俗に三六見附といわれるが、実際には九〇を超える城門があった（時期や数え方にもよる）。

大手門は、江戸城の正面玄関というべき門である（図8）。東御苑への入場口であるだけでなく、東京駅にもほど近いので、お馴染みの方も多いことだろう。もっとも大手門が東京駅に近いのは偶然ではない。東京駅自体が、貴賓室出入口と宮城（皇居）とが一直線となるような場所に建てられたからである。だから東京駅から皇居にのびる一直線の幅広の道を行幸通りという。いまでも東京駅の正面玄関は通常閉鎖されているこの貴賓室出入口である。

堀の向こうの大手門は、天下の居城という割には小さいと思われるかもしれない。左右二本の柱の上に切妻屋根《きりづまやね》をのせ、その後ろの控柱と本柱との間にも小さな切妻屋根をいただいている。こうした型式を「高麗門《こうらいもん》」（図10）という。ところが、この高麗門をくぐると息をのむ。内側は石垣で囲まれたスペースが広がっている。広いが、周囲に高くめぐる石垣に威圧されるのである。

囲まれているといっても、右側の石垣には門が設けられている。よくみると、その門の上には渡《わたり》櫓《やぐら》が渡されている。このような門を「櫓門《やぐらもん》」（図11）という。つまり大手門から城内に入るためには、高麗門と櫓門を鉤の手状に進まねばならない。城内に攻め入ろうとした場合、鉤の手状の動線に動きを阻まれてしまう。その間、渡櫓から矢を射かけられてしまう。また、鉤の手状の構造は、防御側の様子が察知しにくい。こうした構造を「枡形《ますがた》」とよんでいる。

さて、櫓門を通り、そのまま左に進むと、三の丸尚蔵館を過ぎたあたりに大きな切石が左右に

図８　**大手門の櫓門**

橋の手前に下馬所があり、「乗輿以上」の者以外は大手門の手前で降りた。供はそこで待つこととなる。

図９　**大手三の門**

ここから先は御三家・日光門主などを除き、大名といえども駕籠から降りて徒歩で登城した。

図 10 **桜田門の「高麗門」**

堀に架かる橋を渡った正面にあり、入口は狭い。城内へ入るには鉤状に右へ曲がる。

図 11 **桜田門の「櫓門」**

高麗門の内側は石垣で囲まれた広場。攻め手は右の門を抜ける際、櫓から射すくめられる。

残っている（図９）。大手三の門である。じつは大手門は先ほどくぐった枡形一つではない。これから本丸御殿まで、大手三の門―中の門―中雀門《ちゅうじゃくもん》と都合三つの門を抜けることになる。大名や役高五〇〇石以上の役人などの「乗輿《じょうよ》以上」の者は大手門を乗物に乗ったまま通り抜けた。しかしここから先は、原則として徒歩で登城した。だから大手三の門は別名、大手下乗門とよばれていた。

切石の脇には百人番所が残っている。その名のとおり与力二〇人・同心一〇〇人が四組交代で詰めていた。本丸御殿への最大の警備所である。

中の門を過ぎたあたりから道は上り坂となる。まさに登城だ。台地と低地にまたがる江戸城の地形を反映している。しかしそれだけだろうか。国元では一城の主として多くの家臣に囲まれている大名も、この坂道を徒歩で行く。しかも供の人数は制限されている。将軍と家臣という関係を思い起こさせる演出装置として、この坂道が十分に役割を果たしたことだろう。

本丸表御殿

この坂を登りきると、木々の向こうに広大な芝生が広がっている。その向こうに鎮座する天守台に目を奪われがちだが、そもそもここは、これほど見晴らしのいい空間ではなかった。この広々とした空間こそがかつての江戸城本丸で、壮大な殿舎が天守台にいたるまでの間に軒を並べていた。本丸は将軍が日常生活を送る場であると同時に、幕政をとりおこなう場でもあった。この約九万四〇〇〇坪が幕府の中枢である。もっとも本丸は文久三年（一八六三）の火災で焼失し、以後再建されることなく、代わって西の丸の御殿が江戸城の中枢となって明治維新を迎えることとなる。

本丸の絵図はいくつか残っているが、幕末の「江戸城御本丸御表御中奥御殿向惣絵図」(図12)をみてみよう。大手門から登城した私たちがいるのは、図のやや右下。中雀門を抜けると正面には玄関がある。そこから左側へと廊下に沿って進めば大広間に出る。大広間は上・中・下段と、二之間、三之間、四之間からなり、四〇〇畳を超える。目を転ずれば、白洲の中に建つ能舞台。鏡板に描かれた老松がみえたことだろう。

焼失した建物を、絵図だけを頼りにイメージするのは難しい。もしも二条城(京都市)や彦根城(滋賀県彦根市)に行かれたことのある方なら、それを思い出してほしい。

広間を中心とする殿舎のあり方がこの時代の御殿様式。そのはじまりは聚楽第《じゅらくだい》ともいわれている。そして、それを完成させたのが江戸城本丸の御殿なのである。

広間は主従が対面する場だった。正月、八朔をはじめとした儀式に際して、ここで諸大名は将軍に謁見する(さらに奥に、白書院・黒書院といった儀式の間も用意されていた)。対面を通して、主従関係が確認される。将軍—大名ばかりでなく、大名—家臣間においてもそうである。だから二条城や彦根城ばかりでなく、各地の城に設けられた御殿は、一様に広間を中心とした建築様式をとることとなる。江戸の大名屋敷にあっても例外ではない。例外ではないばかりか、後に触れるように、将軍—大名という主従関係の確認の場である「御成《おなり》」によって、御殿はきわめて重要な空間であった(将軍が大名屋敷に出向く場合、そのための門や御殿を設けることもある。これが御成門、御成御殿)。

さらに付け加えるなら、能は武家の式楽《しきがく》だった。正月の謡初《うたいぞめ》や嗣子《しし》の誕生、あるいは法事など、

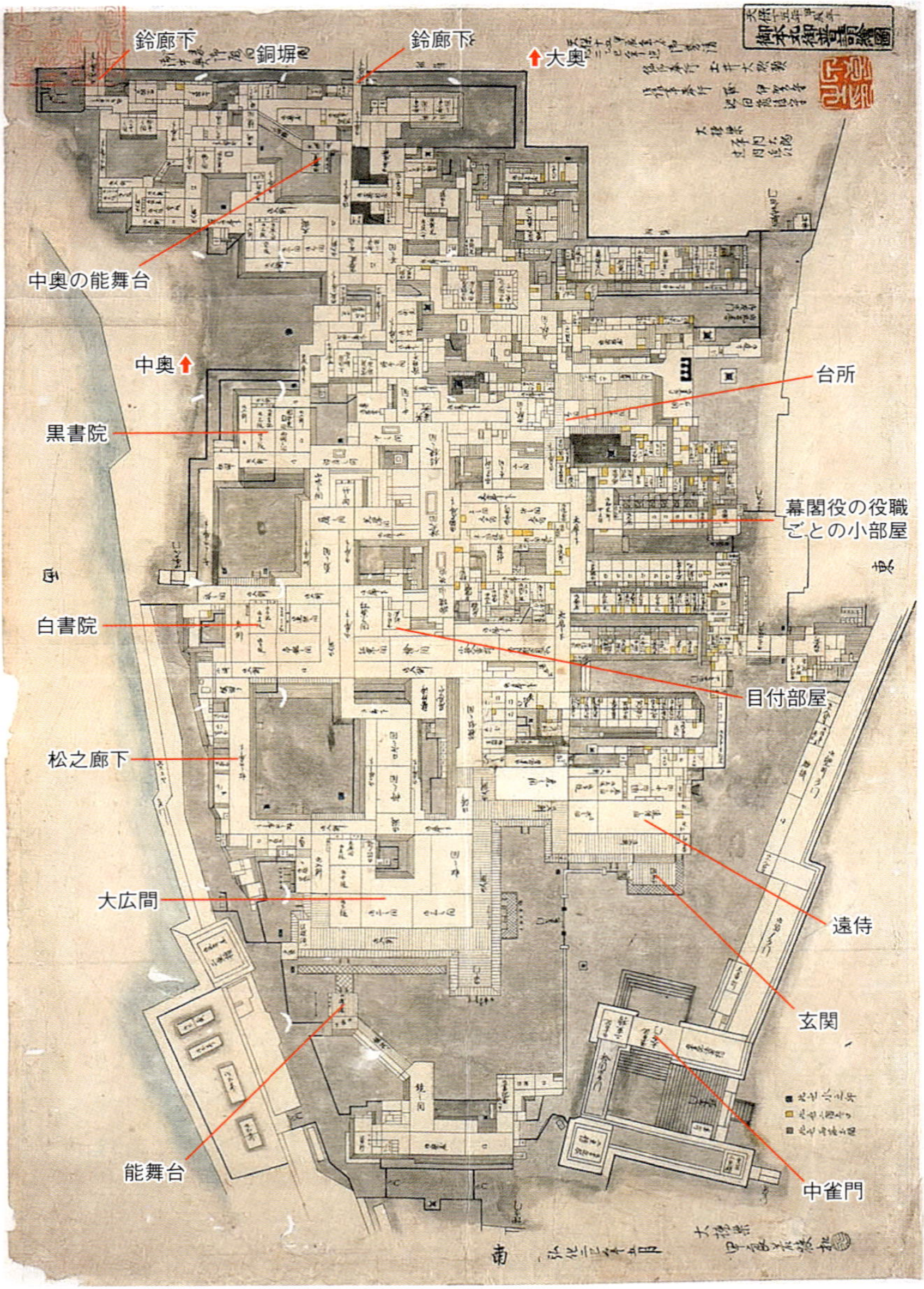

図 12　**幕末の江戸城本丸の絵図**

「江戸城御本丸御表御中奥御殿向惣絵図」。弘化２年（1845）頃の本丸表御殿と中奥御殿が描かれている。

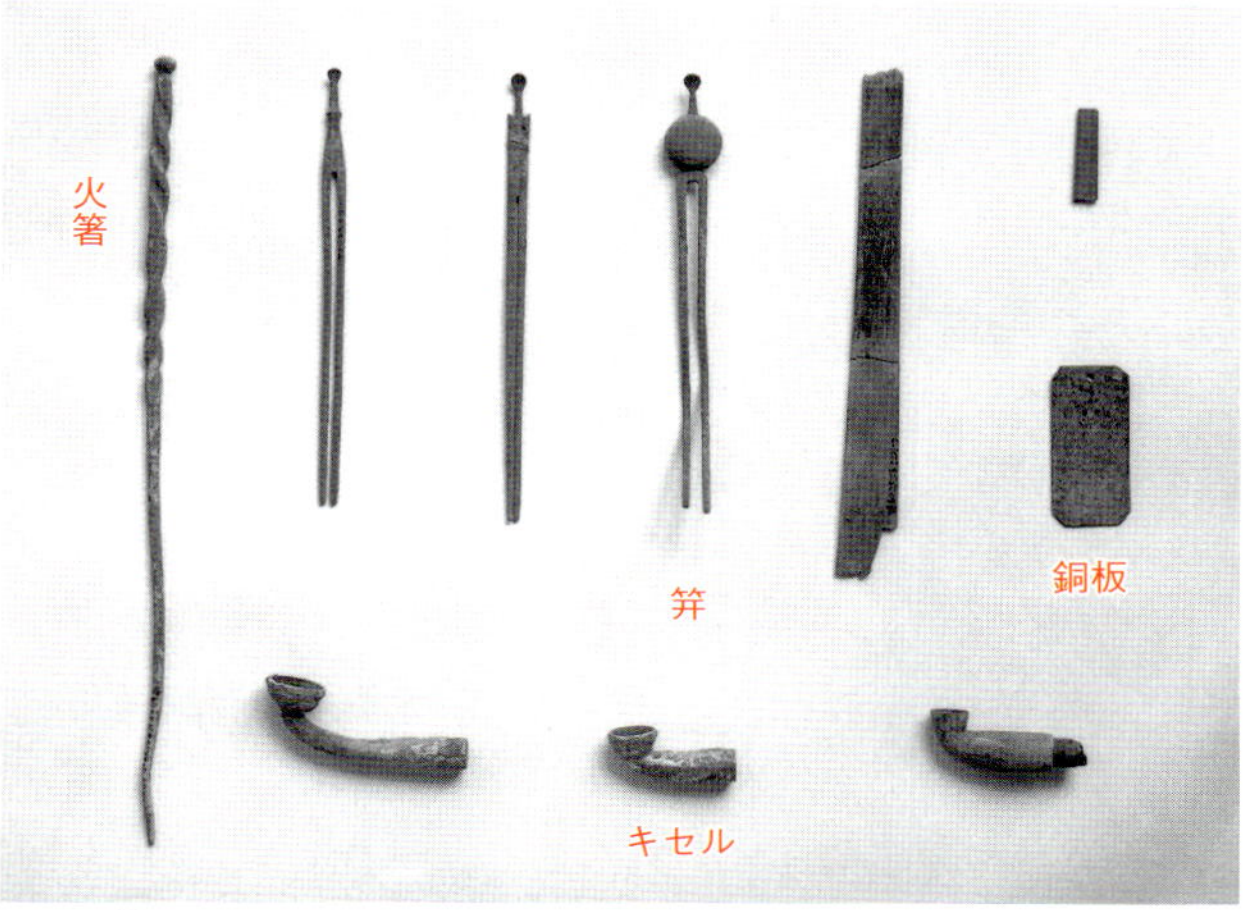

図 13 **大奥北端から出土した遺物**

右上5点は笄。右端は鼈甲製。その下は銅板で、穴と「大」の墨書がある。大奥の ID カードか。(1)

図 14 **江戸城天守台**

振袖火事で天守が焼失した後に築かれた天守台。しかし、この上に天守は再建されなかった。

ことあるごとに能楽が演じられた。広間に面して設けられるのもそのためであり、御成の際に能楽が演じられる大名屋敷でもそれは変わらない。いまでもホールの中に設けられた能舞台に屋根があるのは当時の名残りである。

儀礼の間である黒書院の近くにあるのが御用部屋。老中や若年寄の執務室である。付近には書類作成を担う表・奥右筆《ゆうひつ》部屋や、旗本以下を監察する目付部屋もある。一〇万坪近い本丸御殿の中でも、幕府の儀礼や執政のセンターともいうべきこのあたりを表（表御殿）とよぶ。

大奥

本丸御殿には二つ性格があって、一つはこうした幕政に関連する公的な空間。そして、もう一つが将軍が私生活を送る空間である。公的空間を「表」と呼称するのに対して、私的空間を「奥」という。黒書院のすぐ北側は、将軍が日常生活を営む奥の空間（中奥）である（**図12**）。もっとも完全なプライベートエリアでもない。将軍の執務室もあるし、幕閣と打ち合わせをする御座之間《ござのま》もある。能舞台もあったが、大広間に面した能舞台が公式のものであるなら、こちらは私的なもの。

その北側に、二本の御鈴《おすず》廊下でのみつながれ、銅塀で区切られたエリアがある。これが大奥である。廊下の入口は御錠口《おじょうぐち》とよばれ、これより先は将軍以外の男子の進入は厳しく制限されていた。なお、こうした御殿の構造は大名屋敷でも共通している。しかし「大奥」だけは将軍家の呼称で、ほかはたんに「奥」とよばれていた。

大奥では将軍の正妻（御台所《みだいどころ》）や側室、彼女たちに仕える奥女中が生活した。まず将軍や御台所に御目見《おめみ》えできる者、できない者とで分けられており、奥女中に仕える女中や、もっぱら下働きの女中も含めれば、多いときには一〇〇〇人程度は暮らしていたといわれている。その大多数が暮らしていたのが、「長局《ながつぼね》」とよばれる長屋だった。

家光の頃の長局を例にとると、大きな棟には一一部屋あり、全長およそ八〇メートルの規模だったと伝えられる。その一部屋ごとに湯殿・厠《かわや》が備わっていたので、さしあたりバス・トイレ付きマンションといったところだろう。このマンションはワンルームではなく、上の間・次の間・台所からなる2Kで、ロフト付きだった。

格式の高い奥女中は当然一人部屋だが、多くは二〜三人の相部屋。ここには奥女中付きの女中（部屋方）も暮らしていたから、現在の私たちからすると、決して広いスペースとはいえない。部屋方が住んでいたのが台所から梯子でのぼる二階の部屋、いわゆるロフトである。現在の書陵部書庫に隣接した場所で、発掘調査が行われている。本丸の北側にあたり、大奥の北端となる。調査でみつかった石組の溝は、大奥の排水溝。日常食器を主体とする出土遺物の中で、笄《こうがい》や裁縫道具といった女性の道具が目を引いた。大奥の女中が使ったものだろう（図13）。

ところで、前述のように大奥には一〇〇〇人近い女性が奥女中として暮らしていた。そのトップは上臈《じょうろう》御年寄。これは公家出身者が就任する。それから御三之間という階層まで（時期にもよるが一九階層）がいわゆる御目見《おめみえ》以上。彼女たちは基本的に旗本の出身だった。それよりも下となると、御家人や商家の出身者もいた。

森鷗外の作品に『渋江抽斎《しぶえちゅうさい》』がある。幕府から旗本待遇で扶持《ふじ》を得ていた医師・渋江抽斎の足跡を追ったものである。抽斎の後妻五百《いほ》は日本橋の大店《おおだな》の娘だが、彼女は抽斎のもとへ嫁ぐ際、津藩藤堂家の江戸屋敷に奉公していたという（一一、二歳の時は大奥の部屋子だった）。しかもこの奉公、彼女の実家が食事代や衣装代を負担したものだった。そればかりか五百は奉公先を藤堂家と決めるに当たって、二十数家の大名をまわっている。カルチャースクールを選ぶかのようだ。

御台所や側室を狙うならともかく、町人出身のごく普通の娘さんなら、江戸城や大名屋敷の「奥」で礼儀作法を身につけたうえで致仕（退職）し、結婚するといったケースが大半だった。むしろ結婚の際には、奉公先の「看板」が箔を付けてくれたのである。

さて、大奥の北側、つまり本丸の北側の出入口の一つが平川門である。大奥の奥女中も通用門としていた。そのそばに小さな出入口が設けられている。城内に死者や罪人が出た際に用いられた不浄門で、松之廊下で刃傷《にんじょう》沙汰に及んだ浅野内匠頭《たくみのかみ》はここから出されている。また、芝居役者に入れあげ、ついには信州高遠藩へ流された奥女中絵島が出されたのもこの門である。

失われた天守

大奥の西側には天守があった。江戸城の天守は家康・秀忠・家光によって三度つくられているが、いずれも焼失してしまう。家光による三代目の天守は、寛永一四年（一六三七）に建てられた。地上五階・地下一階、棟高およそ五一メートル。現存天守で最大の姫路城を二〇メートルも上まわる日本最大の天守だった。この天守も明暦三年（一六五七）の振袖火事で焼失してしまう。その後すぐに再建準備が始まった。天守台は加賀藩前田家が再建を命じられた。

天守台の石をよくみてほしい（図14）。江戸城の石垣が黒っぽい（67頁、図33参照）のに対して、こちらは白く明るい色調をしている。江戸城の石垣の大部分は、伊豆半島の安山岩が使われている。ところが、天守台は花崗岩（御影石）である。わざわざ加賀藩がより遠くの産出地から取り寄せたのである。一説には、瀬戸内から運ばれたとも言われている。

この時の加賀藩の意気込みは大変なものだった。領内から人足五〇〇〇人を集め、彼らに流行の羽織や帷子などを支給しようとした。大手建設会社の作業着は有名デザイナーの手によるものが多い。会社の顔であり、広告塔だからだが、加賀藩が支給した装束もそれと同じ。しかし大火後の倹約する時期に加賀藩が派手にすると、他の藩もそれにならうということで、これは実現しなかった。

実現しなかったのは揃いのユニフォームだけではない。加賀藩が再建した天守台の上に、天守がそびえることはついになかった。会津藩の藩祖となる保科正之《ほしなまさゆき》（家光の実弟）が、天守の再建よりも都市の復興を優先させたからである。高くそびえる天守で覇を競う時代が過ぎ去ったことを認識し、再建計画をストップさせた保科正之の見識はもっと評価されてもよいだろう。

西の丸下と幕閣の屋敷

西の丸

江戸城は本丸のほか、西の丸・吹上・北の丸から構成されている。そのうち、将軍の世嗣《せいし》、あるいは大御所（隠居した前将軍）が暮らしていたのが西の丸である。二重橋の西側で、現在、宮殿や宮内庁庁舎などの施設があり、一般参賀が行われる場所（宮殿東庭）といえばお馴染みだろう。

皇居の正門である二重橋は、石橋と鉄橋のコントラストの美しさで知られている。「二重」の由来は、奥の橋が架かる堀が深かったため、橋桁が二重だったことに起因する。だから二重橋とは本来、奥に架かる正門鉄橋のことを指す。その向こうにそびえる伏見櫓は、伏見城の櫓を移築したものと言われている。

さて、西の丸にも御殿があった。文久三年（一八六三）の火災で本丸御殿が焼失してからは、西の丸御殿に将軍以下、幕府の中枢が移って明治維新を迎えたことは既に述べた。西の丸御殿にも表・裏の空間があったことは、本丸御殿と変わりない。

その北側、ちょうど本丸御殿の西側一帯は紅葉山《もみじやま》とよばれている。その名称は現在にも引き継がれており、紅葉山御養蚕所がある。江戸城の紅葉山には、東照宮・歴代将軍の霊廟があった。東京城と名前が変わり、明治天皇が入城した直後、紅葉山の御霊屋《みたまや》の撤去が徳川家に命じられた。明治元年（一八六八）のことである。

「江戸図屏風」（国立歴史民俗博物館所蔵。以下、歴博本）には、家光と覚しき人物が東照宮の参拝から戻る光景が描かれている。その脇に五棟の細長い建物があるように、紅葉山にはまた具足蔵《ぐそくぐら》や書物蔵もあった。とくに蔵書は御文庫とよばれ、故実《こじつ》や政務の参考とすべく歴代の将軍が集めたもので、書物奉行によって維持管理されていた。現在、国立公文書館に収蔵されている紅葉山文庫である。ここにも一つ、紅葉山の名前が残っている。

幕閣の屋敷街

二重橋から東側、内堀の間までは、皇居外苑（皇居前広場）とよばれる広場である。芝生と黒松が続く、楠木正成《まさしげ》像が建つ広場のことで、海外からの観光客も多い。すぐ南が日比谷公園であることのあたりは、江戸城でも一番標高の低い場所で、西の丸下とよばれていた。江戸時代のここは大名、とくに幕閣が拝領した屋敷が建ち並ぶ一画だった。

どんな人物がいたのか、幾人か実例をあげよう。江戸時代初期、慶長年間には、井伊直勝《なおかつ》、酒井家次《いえつぐ》、榊原康勝《やすかつ》の名がみえる。いずれも家康の信任厚い、いわゆる譜代大名である。一七世紀後半、幕府の諸制度があらかた完成してからは、譜代大名の中でもとくに老中、若年寄といった幕閣が屋敷地を拝領するようになる。前者が江戸城の護りであるならば、後者は幕政の便宜を図ってのこと、いってみれば「役宅」と捉えることができるだろう（だから役職の異動にともなう屋敷替えが頻繁だった）。

幕末には会津藩の上屋敷もみえる。藩主は京都守護職を務めた松平容保《かたもり》である。すぐ近くには歩兵屯所《とんしょ》もある。時代が変わっても、幕府の重要人物が屋敷を拝領するという西の丸下の特徴は変わらないことがわかる。会津藩の上屋敷は和田倉門寄りにあった。その北隣にあった預屋敷は、いまの噴水公園にあたる。

図15は発掘調査でみつかった建物の礎石。写真手前から奥に向かって一列に並んでいる礎石は、それぞれ木材ではさまれている。これは三メートルもの長さの杭である。写真に水溜りが写っているように、ここは江戸の都市開発の初期に埋め立てられた日比谷入江の縁辺部にあたる。だから地

図16

西の丸下でみつかった板囲いの地下室

地下水を防ぐため舟大工の技術が応用されている（左上は地下水を溜める穴）。(4)

図15

西の丸下でみつかった建物の基礎

建物基礎は地盤への対策がとられていた。(4)

図17

竹橋門のすぐ内側でみつかった石組の地下室

上：手前に円形の井戸枠がみえる。右：井戸の上部に竹が立てられていた。井戸の廃棄にともなう呪術の一つ。(3)

盤も弱く、礎石を杭によって補強しなければ建物が建たなかった。手前から二つ目、三つ目の礎石には、その上に木材が乗っている。礎石の左右にある杭に渡された枕木である。こうして建物の重量を分散させることで、建物の沈下を防いだわけだ。

また、江戸では地下空間も盛んに利用されていた。江戸の考古学では地下式遺構、地下室《ちかしつ》などとよんでいる（本書では地下室《ちかむろ》とよぶ）。検出された地下室本体に注目しよう（図16）。大きさは東西一・八メートル、南北二・七メートル。天井部分は壊れているので、高さや形状は不明だが、壁の周囲にある柱が天井を支えていたことを予想させる。

台地上の遺跡では、地盤の関東ローム層を掘り込めば地下室になる。ところが低地ではそうはいかない。地盤が弱いのはもちろんのこと、湧き出してくる地下水のために水槽になってしまう。だから低地では、写真のように周囲を板材によって囲っていたのである。この板材は舟釘によってとめられていた。舟大工のもつ防水技術が応用されていたわけだが、先ほどの建物基礎といい、この地下室といい、低地に対応した江戸の建築技術の具体像がよくわかる例である。

ところで、どうして低地では木材が出土するのだろうか。地中に埋もれた木材は、それを腐らせる菌（木材腐朽菌）やバクテリアによって分解される。とくに適度な湿気があると、菌は活発になる（だから地中といっても砂漠なら残る）。一方、酸素がなければ菌は生きていられない。つまり、低地遺跡では地中にある多量の水分が、菌やバクテリアへの酸素の供給を断つことで分解を防ぐのである。そのお陰で、私たちは台地上の遺跡ではわからない、建築部材や桶・樽・漆器椀などの生活道具について、低地の遺跡から知ることができるのである。

北の丸と竹橋蔵地

江戸城防衛上の要地

北の丸は元和六年（一六二〇）に普請が行われている。天守台の後ろにある北桔橋門《きたはねばしもん》から出れば、すぐに北の丸公園である。江戸城にとって、ここは本丸背後に位置する防衛上の要地だった。だから、北の丸が当初、将軍家に近い者の屋敷地だったということもうなずける。竹橋門付近に屋敷を拝領した人物には、たとえば家康の側室である一位尼（阿茶局《あちゃのつぼね》）、秀忠の娘で、豊臣秀頼に嫁いだ天樹院（千姫）、家康の側近である安藤直次《なおつぐ》らの名前をあげることができる。

しかし、江戸の多くを焼き尽くした振袖火事（明暦三年〈一六五七〉）で江戸城も被害を受けると、ここにあった屋敷地は取り払われて延焼防止の火除け地となる。以後は幕府の蔵が置かれる蔵地となる。竹橋蔵地には鉄砲蔵（鉄砲簞笥奉行が管理する幕府の武器保管所）や、江戸中期の文人・狂歌師である大田南畝《なんぽ》も勤務した書物蔵（勘定方が管理する財政関連の公文書）があった。

廃絶された地下の井戸

竹橋門に隣接した東京国立近代美術館の前庭の調査では、地下室が発掘された。**図16**の地下室は板囲いだったが、こちらは石組（**図17**）。そして床の片隅に井戸があった。既に天井部分は壊れていたので地下室の規模はわからないが、地下の水汲み場だったのだろう。なぜ、わざわざ水汲み場を地下に設けるのか疑問に思うかもしれない。

江戸の井戸には二種類ある（次巻で探訪予定）。一つは地下水を汲み上げる方式、もう一つは地中の水道管を流れる水を汲み上げる方式。この井戸は前者で、発掘では六メートルも掘り下げたが底は届かなかった。地下水面が深い場合、汲み上げ場所を近づけるためにらせん状に地中に下りる「まいまいず井戸」がある。竹橋門内から検出された地下の水汲み場も、低い地下水位への対策である。

ところで、この井戸にはもう一つ興味深い点があった。というのは、井戸の上部に竹（長さ六三センチ、太さ二・五センチ）が立てられていたのである（図17）。

井戸の中には焼けた土や瓦が詰まっていた。たぶんこの地下の水汲み場が壊れる原因となった火災の瓦礫だろう。つまり、火災で使われなくなった井戸に、わざわざ竹をさしたわけだ。

井戸そのものが身近でなくなった現在では、そんな感覚はほとんど失われているかもしれないが、井戸はこちらの世とあちらの世とを結ぶものと考えられていた。いまでも井戸の調査前には、酒と塩で清めることもある。竹をさしたのは、井戸の「気」を通じさせるためだろう。井戸の廃棄にともなう呪術の一つである。

さて、明暦の大火の後、火除け地として蔵が置かれるにすぎなかった北の丸だが、一八世紀後半になると、北側の田安門内と清水門内が屋敷地となる。門の名前をとって田安家・清水家とよばれる御三卿のうちの二家である。将軍家に近い者が屋敷地を拝領するという点は、幕末まで変わらなかったわけである。

竹橋蔵地の瓦礫処理

北の丸公園内の機動隊庁舎近辺には、明暦の大火直前まで三代家光の正室（御台所）である孝子《たかこ》が暮らしていた。大火を契機に北の丸は蔵地となることは前述のとおりだが、ここも延宝二年（一六七四）に孝子が亡くなって以降、蔵地となった。

図18は幕末の地層からみつかったゴミ穴の痕跡である。ゴミ穴といっても、中身は日常生活のゴミではない。主体となるのは焼けた陶磁器や瓦といった、火災で生じた瓦礫である。なかでも一一号遺構は土よりも瓦礫のほうが多いほどで、陶磁器類が二万二〇〇〇点、金属製品五点、貝殻三六点が出土している。

幕末、江戸城は西の丸、本丸の焼失や安政の大地震などたびたび災害に見舞われている。ここにみられるゴミ穴や整地の痕跡も、いずれかの災害で生じた瓦礫だろう。それにしても、写真の遺構だけで、幅四〜八メートル、深さ三メートルある。こうした遺構がいくつも重なり合いながら調査区外へと続いていたのだから、この瓦礫処理の規模、言い換えるなら江戸城が見舞われた災害がいかに甚大なものであったかがわかる。

しかし明暦の大火以降、ここは一貫して蔵地だったはず。延焼防止のために屋敷地を取り払ったはずなのに、どうしてこれほどの陶磁器が焼け出されることになったのだろうか。

普通の食器と古鉄買い

ヒントとなる遺物がある（**図19**）。裏側に「大於久《おおおく》」、「にし於《お》く」と釘書きされた食器である。

図 18　**北の丸に捨てられた火事の瓦礫**

幕末の火災で生じた瓦礫が城内から集められた。
図中央の完掘されたゴミ穴で深さ 2 m。(2)

図 19　**ゴミ穴から出土した食器類**

大奥周辺の火事場片付けの際に
持ち込まれたもの。(2)

言うまでもなく「大於久」は大奥、「にし於く」は西奥を意味している。つまり、それぞれ本丸と西の丸の奥御殿で使われていた食器で、瓦礫の中にこうした食器類が含まれているということは、この瓦礫が本丸、西の丸からもたらされたことを示している（ちなみに大奥の長局は安政六年〔一八五九〕に火災に遭っている）。竹橋蔵地が、江戸城の瓦礫の一時置き場になっていたようである。

大奥が将軍のプライベートエリアであったことは既に述べた。それにしては、そこで使われていた食器はごく普通のものばかり。そう、江戸城を発掘すれば高級陶磁器といった「お宝」ばかりが出土するわけではない。大奥に女中が一〇〇〇人程度いたように、江戸城に暮らしていたのは将軍とその家族ばかりではない。しかし、記録に残るのは将軍を中心とした事蹟ばかりで、江戸城を支えた人々の日常生活は記録に残らない。ごく普通の人々が送った、ごく普通の生活の様子を明らかにしていくことも、江戸考古学の大切なテーマである。それについては次巻で探訪しよう。

もう一つ、捨てられた瓦礫の中身をもう一度確認してほしい。陶磁器類が二万点を超えるのに対して、金属製品はたったの五点。数え間違いだろうか。あるいは金属は焼けてボロボロになってしまったのかもしれない。それにしてもずいぶんと数が違うものだ。

焼け出された金属は鍋や包丁ばかりでなく、建具などが案外多い。そうしたものは再利用するために拾い集められた。古鉄《ふるがね》買いである。出土遺物の量にみられる陶磁器類と金属製品の違いは、江戸城でも金属が再利用のため集められていた可能性がうかがえて興味深い。集められた瓦礫は、湾岸部の埋立のため、永代島、越中島方面へ運ばれた。ゴミとして捨てられたものが遺物として分析対象となる考古学では、江戸のゴミ処理問題も研究課題の一つである。

図20 明治初年の竹橋門
本丸背後のこのあたりは内堀と外堀が接近しているため、
枡形門が４つもあり、警備が厳重だった。

清水門と『鬼平犯科帖』

ところで、いったい幕府の蔵というのはどういうものだったのだろうか。竹橋蔵地の調査では、幕末の火災以前の生活面から多量の瓦が出土している（なかには三葉葵《みつばあおい》の鬼瓦もある）。幕末の瓦礫の中の瓦は、本丸や西の丸から持ち込まれたものだが、こちらは明らかに竹橋蔵地のもの。このことから瓦葺きだったことがわかる。ただ残念なことに、蔵の礎石は検出されなかった。

竹橋蔵地から遠くない場所（内郭の外）で、幕府の蔵の様子が具体的にわかる調査例がある。九段南一丁目遺跡は、北の丸に設けられたいまひとつの城門・清水門の正面にあたり、千代田区役所の庁舎建設の際に発掘された。

清水門外と聞いて、「この場所は……」と気づく方は池波ファンだろう。池波正太郎の『鬼平犯科帖』では、主人公・長谷川平蔵の役宅があるのが清水門の前とされ、ここから「鬼平」こと長谷川平蔵が市中の見回りへと出かけていく。調査地はまさにそこにあたるからだ。もっともこれはあくまでも作中での設定で、長谷川平蔵が火盗改めを務めた頃、ここは松村四兵衛という旗本の屋敷と、明地・馬場だった。

いずれにせよ、江戸城直下（周辺の地形はこういう表現がぴったり）のこのあたりは、将軍や大奥に仕える人々が暮らすエリアだったようだ。

焼け落ちた米蔵

さて、九段南一丁目遺跡は、旗本稲垣家の屋敷と幕府の蔵があった場所である。蔵屋敷にあたる部分の調査では、南北二一メートル、東西二八メートルの範囲から三〇二基もの礎石がみつかった（図21）。礎石は河原石が用いられていた。礎石の配列からすると、建物は南北二棟あったようである。その大きさは約九メートル（梁行《はりゆき》五間）×三三メートル（桁行《けたゆき》一八間）と東西に細長い、約三〇〇平方メートルという広さだった（桁行については調査区外にさらに続いている可能性もある）。これは二棟検出された蔵のうち大きいほうのサイズで、もう一方はこれよりも若干小さかったようである。礎石のサイズが両者で異なっている。

そもそもなぜ、この礎石建物が蔵と判断できるのだろうか。理由は二つある。一つは清水門外からやや東側の雉子橋《きじばし》門外にかけての一帯に、幕府の御蔵屋敷が建ち並んでいたことが絵図に描かれている。もう一つは、礎石に残る痕跡の検討から。火災で焼失したこの建物には、礎石に被熱の跡ばかりか、炭化した柱材が付けた痕跡までもが生々しく残っていたのである（図22）。

図 21 **蔵屋敷跡のおびただしい礎石**

蔵は梁行 5 間、桁行 18 間（約 300㎡）。
調査区に 2 棟あった。(7)

図 22 **火災で焼失した柱の痕跡が残る礎石**

礎石の周囲にあるのが、焼けて炭化した蔵の柱。(7)

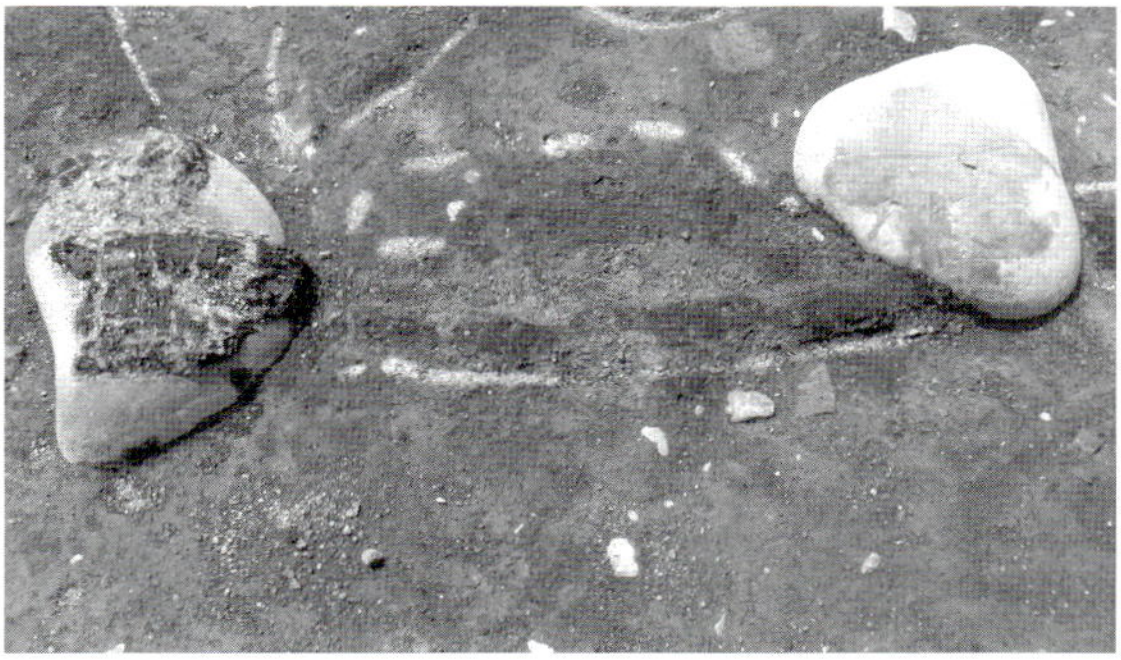

図 23 **三葉葵の鬼瓦**

丸に三葉葵紋の付いた鬼瓦は、蔵が幕府の施設であったことを示す。(7)

とくに柱材に関する情報が得られたことは重要だった。そのおかげで建物の基礎構造（床）ばかりでなく、上部構造（建物本体）についても検討することができたのである。検討の結果、この建物は建物本体を支える礎石と、床を支える礎石とが別であることが判明した。こうした構造は貯蔵施設の建物にみられるものである。

それともう一つ。三葉葵の鬼瓦が出土している点も見逃せない（図23）。竹橋蔵地でも出土したように、ここが幕府の施設であったことを示しているからである。加えて鬼瓦のほかにも多量の瓦が出土しているので、この建物が瓦葺きだったこともわかる。

発掘調査の結果、蔵がみつかった生活面は一七世紀代であることがわかった。一七世紀の火災はいくつかあるが、調査地が幕府の貯蔵施設であった時期と交差するのは一つしかない。すなわち明暦三年（一六五七）の大火である。これは振袖火事で焼失した幕府の御蔵屋敷なのだ。ちなみに、経済基盤を年貢米に頼っていた幕府だけに、「御」蔵というのは米蔵のことを指している。

蔵屋敷の景観は

「蔵前」という地名がある。浅草と両国の中間あたりの、隅田川の右岸一帯だ。名前のとおり、ここには幕府の米蔵が建ち並んでいた。旗本や御家人へ支給される米を現金化し、その手数料で儲ける札差《ふださし》も多く集まった場所だ。この浅草御蔵が完成したのは元和六年（一六二〇）。それ以降、江戸城周辺の蔵屋敷の多くが浅草へと移っていった。それでも北の丸と雉子橋周辺には蔵屋敷が一部残っていたようだ。発掘された米蔵もそうしたものの一つである。

年貢米がおもに浅草の蔵に収納されていたこともあり、江戸城周辺の蔵には、塩など米以外のものも貯蔵されていた。たとえばこれは幕末のことになるが、鉄砲蔵や書物蔵のあった竹橋蔵地には、ペリー来航直後に「大筒置場」（大砲の保管庫）が造られている。二度目のペリー来航の際には、ここから浜御殿（現在の浜離宮庭園）まで大砲を持っていった。

ところで私たちが蔵をイメージするとき、それは時代劇に多分に影響を受けているのだが、闇夜に浮かぶ白壁の土蔵を思い描くはずだ。しかしこうした土蔵の基礎は、**図21**にあるような礎石が点々と並ぶ基礎とはずいぶん違う。土蔵の基礎は、直方体に加工した石材を建物の外周に沿って据える構造である。これを「布基礎」という。私の経験では、土蔵の基礎は発掘ですぐにそれと判断できる。

礎石に焼けた痕跡があることから、この建物が火災で焼失したことがわかるということは既に述べた。しかし、建物の周囲には焼土がみられない。もしも土蔵が焼失したならば、焼け落ちた土壁が焼土として大量に建物周囲に認められるはずなのに、である。

以上のことより、清水門外の御蔵は土蔵ではないと言える。一方、屋根は鬼瓦を含む多量の瓦が出土しているので、瓦葺きだったことは明らかだ。

この御蔵は、土蔵ではない、たんなる瓦葺きの建物だったのだろうか。そしてそれはなぜか。土蔵は一七世紀半ばのこの時期には、まだ出現していなかったのだろうか。

問題はたんにこの遺跡・遺構だけのことではない。蔵の姿によっては、一七世紀半ばの江戸の景観はずいぶんと違ったものになる。小さいようで大きな問題をはらんでいるのである。

II

外堀探訪

外堀と天下普請

残された外堀

城の総曲輪《そうくるわ》は、外堀で囲まれた外郭と内堀で囲まれた内郭とからなる。前章でみた江戸城が内郭であるのに対して、外郭は武家地、町人地、寺社地を擁する。むしろ江戸時代の城ではこちらのほうが重要で、これによりたんなる戦《いくさ》の防御陣地から、商工業といった経済活動の拠点となった。

それでは、江戸城の外堀がどこをめぐっているか思い描くことができるだろうか（図24）。おそらく、イメージできる人は少ないのではないか。残念なことに、外堀の大部分は戦後、空襲の瓦礫処理のために埋め立てられてしまった。外堀通りはその名残りである。

それでも現在なお、外堀の一部が残っている。たとえばJR中央線沿線。東京駅を発車した中央線は、神田駅を過ぎて左にカーブすると間もなく、神田川と併走する。これこそ残された江戸城外堀である。電車はこの外堀に貼り付いているかのような御茶ノ水駅のホームに滑り込む。その直前、外堀に架かる鉄橋を渡る、地下鉄丸ノ内線の上を横切っていたことにお気づきだろうか。ホームの上にはさらに、左岸の湯島聖堂と右岸の復活大聖堂（ニコライ堂）とを結ぶ橋（だから聖橋《ひじりばし》という）が架かっている（図25）。

このダイナミックな景観こそが、武蔵野台地縁辺の特徴だ。江戸は台地と低地とが織りなす複雑な地形に造られた都市である（18頁、図1参照）。川面に目を転じれば、隅田川から遡上してきた船が行く。かつて神田川沿いにはいくつかの荷揚場があった。堀と運河が張りめぐらされていた江戸にとって、舟運は重要な交通手段だった。

さて、神田川は飯田橋の手前で線路から離れ北北西に進路をとる。ここから先、電車が併走するのは、四谷方面からのびる谷筋を利用して掘られた堀である（図26）。一方、左側はせり上がった崖に眺望は遮られる。このせり上がった崖は松や桜が植えられた堤。堀と電車と平行にのびているのもそのはずで、この堤は江戸城の土塁である（国史跡）。

明治時代に埋め立てられた溜池

四ツ谷駅のホームの向こうに、周囲より一段低い上智大学のグランドがみえる。このグランドは埋め立てられた外堀（真田堀）の跡（図27）。既に四ツ谷駅手前のカーブから外堀は埋められて姿を消している。次に姿を現すのは、グランドの向こう側、赤坂にある弁慶堀である。

この赤坂に、かつて大きな溜池が広がっていた。赤坂見附の交差点から首相官邸一帯までにかかる大きさで、江戸時代初期には飲み水の供給源だった。四ツ谷駅付近から湧き出した谷川を堰き止

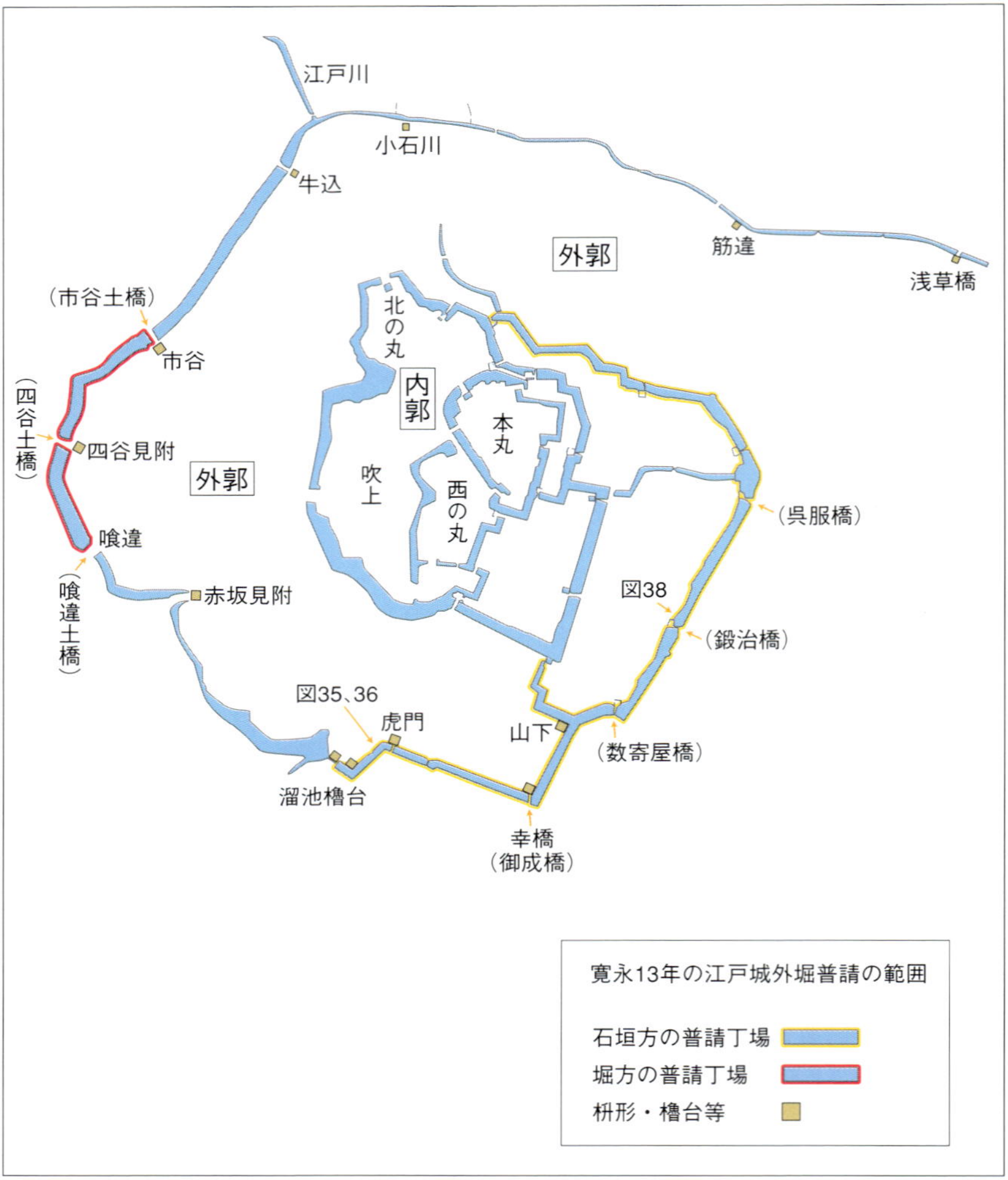

図 24　外堀・内堀の概略図

外堀は「の」の字のようにめぐっていた。

図 25　**神田川と御茶ノ水駅**

神田川が外堀をなしていたこのあたりは、台地縁辺の地形的特徴がよく表れている。中央にみえる橋が聖橋、その下を通過するのは地下鉄丸ノ内線、右手が JR 御茶ノ水駅。

図 26　**現存する外堀（牛込堀）**

牛込見附付近から
牛込堀をのぞむ。

図 27　**埋められた外堀（真田堀）**

四谷見附付近から
真田堀をのぞむ。

めたと考えられていたが、最近の発掘調査によって、中世末から近世初頭にかけて開発工事も行われたことが明らかになっている。そんな溜池も、明治時代には完全に埋め立てられてしまい、溜池山王駅（地下鉄南北線）という駅名に名を留めるのみである。

江戸の開発と天下普請

諸大名を動員した工事を天下普請ということは前章で触れた。家康最初の、つまり江戸幕府最初の天下普請は、慶長六年（一六〇一）六月に行われた。これは関ヶ原の合戦の翌年であり、家康はまだ征夷大将軍にはなっていない。豊臣家の重臣であるとはいえ、実質的に天下を掌握した家康が最初に諸大名を動員したのは、東海道と琵琶湖に睨みをきかせる膳所《ぜぜ》城（滋賀県大津市）だった。

天下普請（**表1**）について、私たちは二つの点で誤解しがちだ。一つは、江戸だけで行われたわけではないということ。膳所城以外にも、二条城、駿府城、名古屋城などで諸大名が動員された。もう一つは、江戸の天下普請が将軍宣下の翌年の慶長九年（一六〇四）の一回きりではないということ（つねにどこかで工事が行われていたが、**表1**ではおもなものをあげ、一部に仮称を付した）。

以後、天下普請による江戸の都市整備と城郭整備は秀忠、家光に引き継がれる。明暦大火の復興事業が一段落して、江戸が都市としてほぼ整ったのは、万治三年（一六六〇）の天下普請の後で、将軍は既に四代家綱になっていた。

そうした数次にわたる天下普請のなかで、最大規模の工事だったのが寛永一三年（一六三六）に実施された天下普請だった（**表1**の第五次天下普請）。

堀方と石垣方

この第五次天下普請では、おもに江戸城西側の外堀の整備と、それに付属する石垣や見附の築造が行われた（図24）。これによって江戸城の外郭はほぼ完成する。先ほど私たちがみた中央線沿いの外堀（図26）や真田堀（図27）、赤坂の弁慶堀も、この工事によって造られたものである。

これ以後、江戸の天下普請は小規模なものになるので、第五次天下普請は江戸という都市が完成した工事と位置づけられるだろう。

第五次天下普請の助役《すけやく》を命じられた大名は一〇〇家を超え、二つのグループに分けられた。堀の掘削・浚渫の担当（堀方）と、石垣・見附築造の担当（石垣方）である。

前者は市谷土橋から喰違《くいちがい》土橋間の掘削と堀や溜池の浚渫で、東国の大名が担当した。後者は江戸城東側の堀を石垣積みにし、外堀全体に見附（大手門でみたような、枡形をともなう城門）を建設する作業で、西国の大名が担当した。大名を東西で分けたのは、西国大名のほうが石積みの経験が豊富だったからだろう。

このグループ内は、さらに「組」という単位にまとめられた。そして石高の高い大名である組頭の指揮の下、力を合わせて（時に競いながら）工事を進めていったのである。堀方には七組・五二家が、石垣方には六組・六一家が割りふられた。さながら現在の大工事でみられる共同企業体（JV）といったところか。

組に属さない、「単独受注」の大名もいた。堀方の伊達家（仙台藩）、石垣方の前田家（加賀藩）である。大藩の両家は単独で工事を遂行できる力があったからである。

表1

天下普請

1601（慶長 6）	膳所城修築、二条城築城	
1603（慶長 8）	彦根城築城	
1604（慶長 9）	本丸・北の丸の城郭工事（着工は慶長11）	→ 第1次天下普請
1607（慶長12）	駿府城築城	
1610（慶長15）	名古屋城築城	
1611（慶長16）	城郭の再整備・江戸前島に舟入堀	→ 第2次天下普請
1620（元和 6）	北の丸を石垣化、放水路として神田川を通す	→ 第3次天下普請
1628（寛永 5）	内郭諸門の整備	→ 第4次天下普請
1636（寛永13）	外堀の掘削、石垣化	→ 第5次天下普請
1657（明暦 3）	大名屋敷の再配置、本所地区の開発 明暦大火後の江戸復興	
1853（嘉永 6）	内海御台場築造	

図 28　天下普請の起工式跡

地下 6.6m から検出された第 5 次天下普請前の地表面でみつかった、まじないの跡（白線で丸く囲まれている部分）。竹杭や黒石などが意図的に配されている。(19)

図 30　市ヶ谷橋西側の外堀

図 29　市ヶ谷橋東側の外堀

現在の市ヶ谷橋の東西でも外堀の水位はずいぶん違う。土橋は外堀のダムの役割も担っていた。

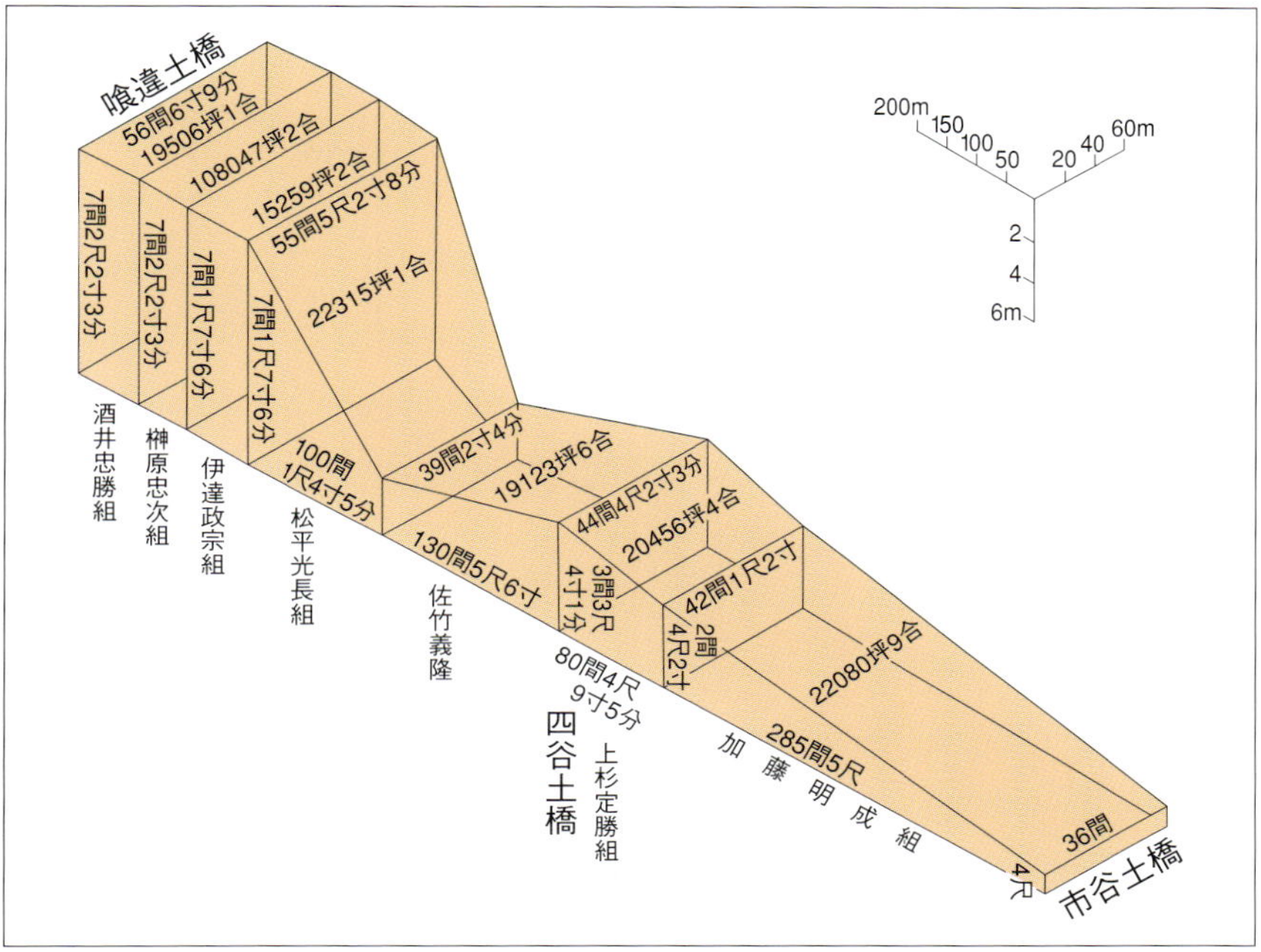

図 31　堀の掘削の分担（丁場）模式図（報告書 9 を改変）

各大名の掘削土量は均等になるよう配分された。
ここでは伊達家のみが「単独受注」。

図 32　喰違土橋の盛土

階段状に台地を掘り込み、繰り返し土を盛っては突き固める、堅固な造りとなっている。(9)

天下普請の起工式

四ツ谷駅にほど近い、地下六・六メートル。投光器が土留めに囲まれた異質な空間を照らす。ここは地下鉄南北線の敷設にともなう発掘調査の現場で、第五次天下普請時の地表面にあたる。**図28**の白線を引いてある楕円形状の遺構は、南北約二〇センチ、東西約三〇センチ。出土した一四五点の黒石は碁石で、明らかに人為的に埋められたもの。擂鉢と炭化した米、桃の種子、ウリ科の種子、柿（?）の種子なども出土している。その東側には、細めの竹（太さ一センチ程度）が一五〜二〇センチ間隔で、九本以上並んでいた。報告書では、起工式で行われたまじないの可能性が指摘されている。古来から呪力が宿るとされた桃の種が含まれている点が興味深い。

南北線が外堀沿いに敷設されたため、第五次天下普請の工事の様子が発掘調査で明らかになっている。そこで城下町・江戸を完成させたこの工事の様子をたどってみることにしよう。

堀の掘削

この工事で、実際に堀を掘削したのは、市谷土橋から喰違土橋までの間（**図24参照**）。中央線の車窓から眺めた堀の一部が含まれている。土橋といっても、橋そのものは木製である。何が土なのかというと、この木橋の上に土が盛られて土手をなしていた。何だかダムのようだが、事実、土橋の役割はダムだった。

現在の市ヶ谷橋から東西の堀をみくらべてみよう。図29は市ヶ谷橋の東側で、図30は西側である。コンクリートで舗装されたいまでも、ずいぶんと水位が違うことに気づくことだろう。堀は水位が一定に保たれることが不可欠だった。土橋はそのためのダムの役割を担っていたのである。

図31は、堀掘削を担当した大名の丁場《ちょうば》（大名の受け持ち工区）ごとの掘削量を模式化したものである。最も浅いのは市谷土橋の四尺（一・二メートル）、喰違土橋側の三組はいずれも七間（一二・六メートル）を越している。じつに一〇倍もの開きがあるが、それを丁場の長さや幅で調整し、立坪《りゅうつぼ》は均している。

では、どうしてこんなに掘削深度に差があったのだろうか。これには旧地形が関係している。つまり市谷土橋の堀の深さが四尺だったわけではなく、市谷土橋付近では四尺ほど掘り下げれば十分堀になった谷地形だったということであり、逆に一二メートル超の深度を要した丁場は、台地上の工区であったことを意味している。このことから四谷土橋から市谷土橋にかけては、旧地形の谷（平川支谷・18頁、図1参照）を利用して堀を造ったことがわかる。一方、四谷土橋から喰違土橋まででは、下がったり上がったりがみられるものの、基本的には台地を掘削して堀にしたといえよう。

この喰違土橋の土手の部分を発掘したのが図32である。階段状に削った地山の奥に土層断面が残る。断面にみえる地層の厚さは約一〇〜二〇センチ。土橋に土を盛り、突き固めた単位である。地層をみれば少しずつ、確実に土橋が築かれたことがわかる。おもしろいことに、この盛土層の下からは台地上層の土がみられ、盛土層の上からはこれとは逆に、台地下層の土が認められた。この堆積の逆転は、堀を掘っては土橋を築き、掘っては築きといった工事の工程を反映している。

それればかりではない。堀の掘削で生じた大量の残土は、外堀沿いの町屋造成に一役買っていたことも、発掘調査でわかってきている。第五次天下普請はまさに、城下町・江戸を完成させる巨大かつ総合的な工事だったのである。

石垣の築造

対照的な東側と西側

もう一度、図24をみてみよう。外堀は「の」の字状をしているが、南の溜池櫓台を境に描かれるラインが異なっている。溜池の西側は緩やかなカーブを描きながら、四谷、浅草橋を経て大川（隅田川）へと繋がっているのに対して、溜池の東側は直線的なラインで構成されている。

外堀を歩けば、この違いが石垣の築き方も関係していることは一目瞭然。東側の外堀はすべて埋められてしまっているが、大手門周辺の内堀をイメージすればいい。堀底から積み上げられた高石垣は水面を突き抜け、直線状にそそり立つ（図33）。一方、西側の石垣は土塁の上に築かれている。その様子から鉢巻土塁とよばれている（図34）。

「帝都の方は、味方地の義なるに、其方へ向ひての要害と有は、無益の義也」（京都は味方だから、そちらには堅固な構えを築くまでもない）と家康が発言したというのは伝説としても、大手門があり、城の表となる東側と、裏にあたる西側とでみられる石垣のコントラストはじつに印象的である。

図 33 大手門付近の内堀の高石垣
堀底から上端まで石垣で覆われた直線的な構成。

図 34 鉢巻土塁の美しい半蔵門付近の内堀
石垣は上部のみに用いられ、そこから
堀際までは芝をはって土留めしている。

第五次天下普請で石垣が築かれたのは、この直線的なラインの部分、虎門から雉子橋門にかけての範囲である。

発掘された虎門の石垣

東海道に睨みをきかす虎門は、江戸城外郭の見附のなかでもとくに重要だった。幕府によって東海道が整備される以前の、古東海道（中原街道）が虎門を起点としていたことでもそれがわかる。東海道が整備されたことによって脇往還となった後も、中原街道は物流を支える重要なルートであり続けた。

また虎門には外堀で唯一、櫓が設けられていた。さらに虎門脇には江戸時代を通じて、家康の信任厚い「強弓の士」内藤家長《いえなが》を藩祖とする延岡藩邸が置かれていた。

霞ヶ関へと続く官庁街の入口である現在の虎ノ門では、一見しただけでは江戸時代の面影をみつけることは難しい。けれども高層ビルに隠れるようにたたずむ金刀比羅《ことひら》神社（ビルが神社境内に建っているのだが）は、ここにあった大名屋敷（こんぴらさまのある丸亀藩）内の神社が取り残されたものだし、神社向かいの三井ビルには、虎門の櫓の石垣が一部とはいえ残されている（溜池櫓台）。前述のとおり、これが外堀唯一の櫓台である。溜池はこのあたりまで広がっていた。

いま、地下鉄虎ノ門駅の階段を出れば、文部科学省の改築中の高層ビルが目に飛び込んでくる。虎門の見附があったのが、この一帯だ。文部科学省構内の庁舎整備などにともなう発掘調査では、本庁舎中庭で約三五メートル、本庁舎と分館（旧教育会館）との間で約二五メートルの石垣が発掘された。江戸城外堀の石垣が姿を現したのである。

本庁舎中庭で姿を現した石垣（図35）は、築石《ちくいし》が七段積まれた状態で約四・五メートルの高さがあった。石垣の表側にみえる、一つひとつの石を築石という。築石は直方体ではなく、奥に行くにしたがってすぼまる台形状をなす（図37参照）。私たちにみえるのは小面《こづら》（縦五〇～八〇センチ、横五〇～一〇〇センチ）のみだが、その奥行き（控え）は九〇～一四〇センチもある。想像以上の大きさで、その迫力には何度みても驚かされる。

一方、本庁舎と分館の間には、以前から石垣五段が残っていて、国の史跡に指定されていた。発掘調査ではこの下に続く九段分の石垣がさらに調査され、計一四段・高さ七・四メートルを発掘した（図36）。まるで氷山のように堀底まで続いていた石垣の全体が調査できたわけである。

堀底には、中庭の石垣で約八〇センチの、本庁舎と分館の間の石垣で約二・五メートルの堆積物が認められた。この堆積物に含まれていた花粉を分析したところ、水はやや停滞していた傾向が認められた。完全に水の流れが止まっていたわけではないことから、水質は「ややきれい」という指標を示した。ここは溜池と虎門の土橋との間の外堀にあたる。プールのような当時の状況が明らかになった。

石垣築造の様子

さて、外堀は虎門を過ぎて、しばらく南東方向へ直進する。厳密には防御のために多少の出張りを設けている。これを折邪《おりひずみ》という。そして幸橋門で二つに分かれる。

図 35　**虎ノ門付近でみつかった外堀の石垣**

虎門と溜池の間にあった石垣が発掘された。
全長約 35m、高さ約 4.5m（7 段）。(8)

図 36　**国史跡の外堀の石垣**

上部の黒い色の石垣がこれまで地上にみえていた部分で、史跡に指定されている。右は石垣の拡大写真で、矢筈の刻印がみえる。(8)

▲図 37 の石垣の位置

図 37　**石垣の断面**

堀底から 5 尺（約 150cm）も掘り込んだところに据えられていた。(5)

図 38　**丸ノ内でみつかった 175m に及ぶ外堀の石垣**

梶橋門の北側の石垣。みつかった石垣は、当時の堀の水面よりも下にあった。(5)

一つは汐留の脇からすぐに海へとつながるもの。途中いくつか橋はあるが、門は浜御殿（浜離宮庭園）の大手門だけ。もう一つは直角に曲がり、そこからまっすぐのびる。数寄屋橋《すきやばし》、鍛冶橋《かじばし》、呉服橋《ふくばし》といったおなじみの地名は、みなこの部分の外堀にかかる橋の名である。

鍛冶橋交差点にガラス張りの高層ビル（パシフィックセンチュリープレイス丸の内）が建つ丸の内一丁目遺跡の発掘調査で、総延長一七五メートルに及ぶ外堀の石垣がみつかった（図38）。発掘された石垣は一番下の四段だった。堀底のさらに下に積まれていたものなので、江戸の人々がみていた石垣ではない。しかし、石垣のもっとも下の部分を調査できたので、普請の工程を具体的に知ることができた。

図37をみてみよう。石垣は堀底からいきなり築石を積み上げていくわけではない。さらにその下を掘り込んで基礎をつくる。発掘された石垣はまさにその部分で、既にあった堀の底から幅三・五～四メートル、深さ一・五メートルほど溝状に掘り込まれていた（石垣は横方向に続くので基礎を掘ると溝状になる）。これを「地形根切《ちぎょうねぎり》」という。

この溝状の掘り込みに、築石の土台となる「土台木《どだいぎ》」が二列横たえられていた。この土台木にはおもに松が用いられている。耐水性が考慮されたのだろうか。その上に築石が据えられることになるのだが、**図37**にあるように築石は台形状である。そのため二列の土台木は、一つは小面の下に、もう一つは石尻の下になるように置かれている。

築石の裏はすぐに突き固められた土手となっているわけではない。「栗石《ぐりいし》」とよばれる直径二〇～三〇センチ程度の丸味のある河原石が詰め込まれている。これを「裏込《うらごめ》」といい、その幅はおよそ二メートル程度。築石の重さは五〇〇キロ〜一トンにもなる。もし裏込がなければすぐに崩れてしまうだろう。石垣の荷重を分散させ、水はけを良くするための工夫である。栗石にはおもに荒川や利根川などの石が使われた。

京間が用いられた築造

次に土台木を観察してみよう（図40）。土台木は松材で、幅三〇〜四〇センチと太い。長さ四〜六メートルで、ジョイントされている。この土台木に興味深い痕跡が認められた。等間隔で刻まれた線である。その間隔は約一・九七メートル、一間である。でも、一間はおよそ一・八二メートルではなかっただろうか。

一間＝六尺（一・八二メートル）と決まったのは、明治時代の度量衡法制定以後のことである。それまでは時代により、そして地域によって値が異なっていた。たとえば、この一間＝六尺という基準は「江戸間」とよばれている。ほかに京阪以西で用いられた一間＝六尺五寸の「京間」、六尺三寸の「越前間（中京間）」がある。もうおわかりだろう。一・九七メートル間隔というのは京間を基準尺とした間合なのである。出土した土台木に京間によるマーキングがあるということは、第五次天下普請では京間を基準尺に、都市開発が進められたことを意味している。

ただし、一七世紀代の江戸の都市開発すべてに京間が採用されていたのかというと、そうでもない。加賀藩の本郷邸では、屋敷地（下屋敷）を拝領した元和二年（一六一六）頃には一間＝六尺三寸の越前間を使用しているが、それから六〇年以上たった天和二年（一六八二）、八百屋お七の付

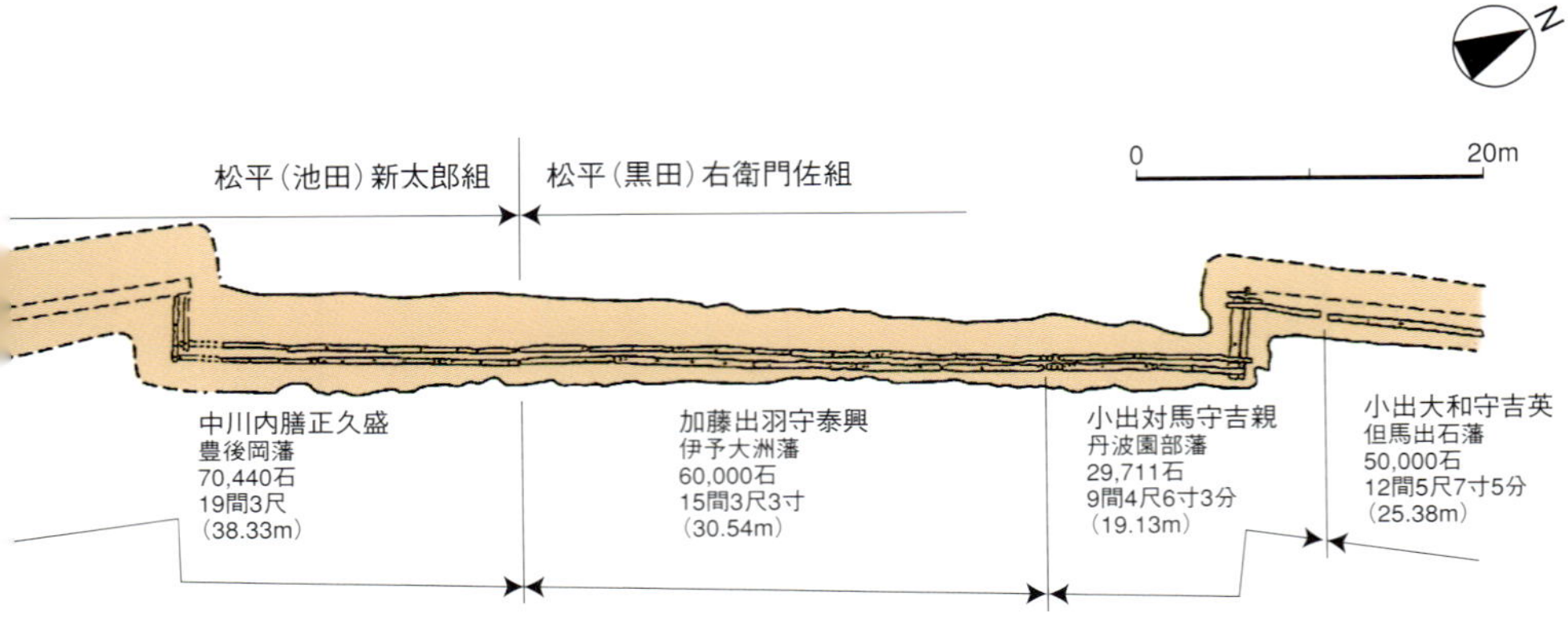

け火のきっかけとなった大火でほぼ全焼した藩邸の復興工事では、おしなべて江戸間が用いられるようになった。ただし、この大火を契機に尺度の体系が一新されたかというと、そうでもない。加賀藩邸内では、この大火以前に越前間と江戸間の併存する時期が認められる。この変化は漸次的だったようだ。

詳しいことは今後の研究課題だが、どうやら一七世紀後半になって江戸では、江戸間という江戸のローカル・スタンダードが定着していったようだ。一間あたりたった一五センチ程度の違いであるが、都市開発がスタートしたばかりの江戸には、江戸のローカルな技術ばかりでなく、京阪の技術も入っていたということがわかるのである。また技術の背後には、「人」が存在していることは言うまでもない。

施工者はだれだ

土台木に記されたマーキングが京間を基準としていたことはわかった。では、この印はなぜ土台木に付けられたのだろうか。

「江戸城普請分担図」という図面がある。南北線の新設工事で行われた発掘調査の際、史料調査で発見されたものである。江戸城

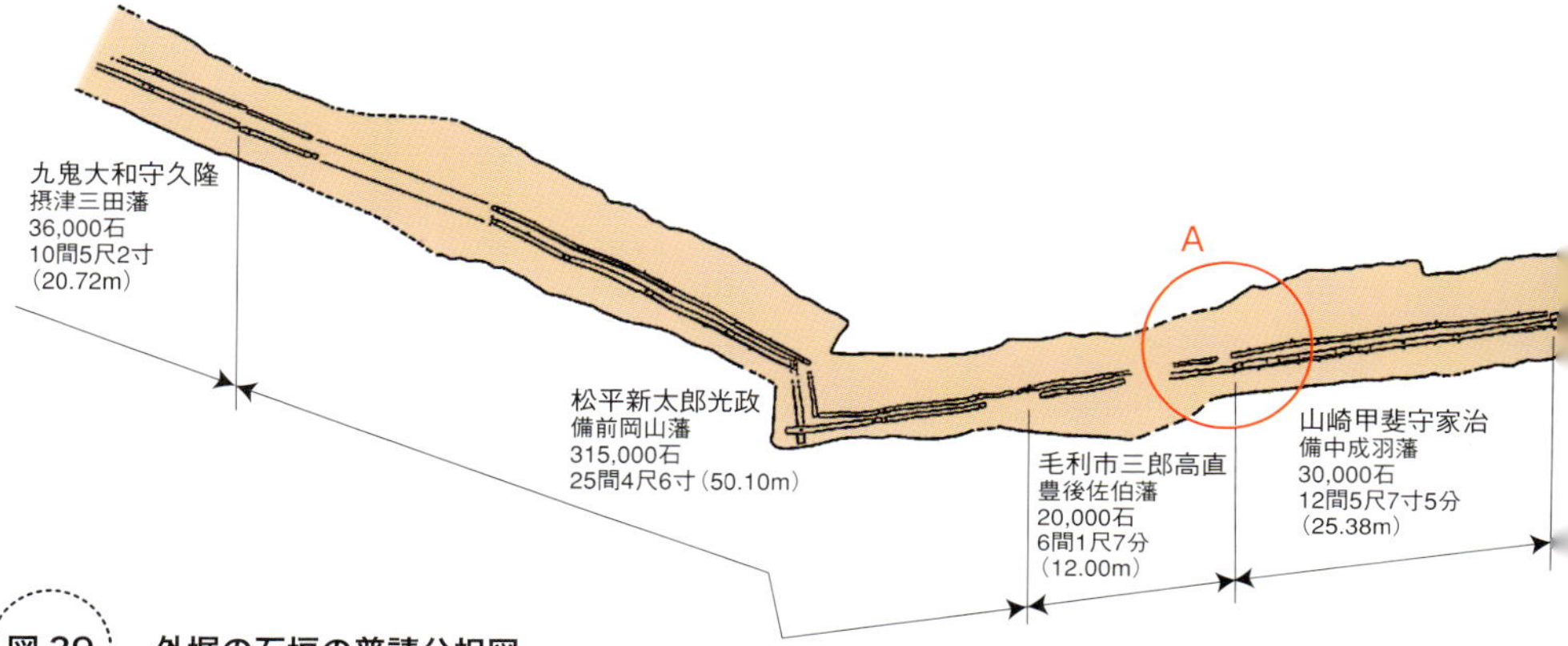

図39　外堀の石垣の普請分担図

石垣方は西国大名が担当した。調査地点は岡山藩池田家・福岡藩黒田家を組頭とする丁場。(5)

図40　土台木の継ぎ手部分

写真39のAの箇所の土台木。長さは京間を基準にしていた。(5)

図41　継ぎ手部の石垣の印

写真39のAの箇所の石垣。杭の左が佐伯藩、右が成羽藩。(5)

東側の外堀の区間について、各組の丁場の間数や石垣の高さなどが詳細に記された唯一の史料と言われている。

図39は、発掘地点と「江戸城普請分担図」の該当箇所とを当てはめたものである。図と土台木にある継ぎ手の位置関係が、じつによく一致していることがわかる。しかも、ここに記された間数と、発掘された実際の長さが一致していたのである。

この図からはさらに、**図40**の中央付近の継ぎ手を境にして、左が豊後佐伯《さえき》藩・毛利市三郎高直(二万石)の分担で六間一尺七分の範囲を施工、右が備中成羽《なりわ》藩・山崎甲斐守家治(三万石)の分担で一二間五尺七寸五分の工区を施工していたことがわかる。つまり、丁場の左右の工事に齟齬がないよう寸法に気をつかっていたのがマーキングである。

この部分の土台木の上に積まれた石垣をみてみることにしよう(**図41**)。左側、佐伯藩毛利家の積んだ築石には矢筈の印が、右側、成羽藩山崎家の築石には丸に山の印が刻まれているものがある。矢筈は三本の矢のエピソードが有名な毛利家を示し、丸に山の字は山崎という意味だろう。どちらも担当した大名の印である。

こうした印は、先ほどみた文部科学省構内遺跡で検出した虎門の石垣にもある。改めて**図36**をみてみよう。やはり矢筈の刻印がみえる。ちょうどここは北側の庭瀬藩戸川家と、丸の内一丁目遺跡でも登場した佐伯藩毛利家との丁場境にあたる。そう言われてみると、戸川家の積み方の方が、小面の上下が揃って据えられているようにもみえる。

ひと苦労だった採石と運搬

石の産地

遺跡から現れる築石を目の当たりにしていつも思うのは、これほど巨大で重い石をよくぞここまで運んだということ。しかも数メートルの高さに積み上げているのである。

江戸周辺に、石垣に適した石は産出しない。江戸城の石垣の大部分は、神奈川県の真鶴や静岡県の伊豆半島周辺からもたらされた安山岩である。とくに伊豆半島は江戸時代を通じて石材の主要な産出地で、熱海・宇佐見・伊東・川奈・稲取などには、「石丁場」とよばれる採石場が設けられていた。だからこれらの安山岩は伊豆石とよばれている。

大名が苦労した石丁場の確保

石垣方の大名は、石丁場の確保から始めなければならなかった。小国の大名は石丁場を常設するわけにもいかないため、より条件のいい石丁場を確保するには、他の大名よりもいちはやく動く必要がある。工事の情報をいちはやく入手してライバル会社の先手をうつ、現在の建設業界に通じるものがある。もっとも実際には、各組ごとに石丁場もあてがわれた。そして組頭の差配によって、各大名にさらに石丁場が割り与えられたようである。

石丁場の良い条件というのは何だろうか。産出される石の質というのは当然として、むしろ石を切り出した後のことが大きくかかわってくる。つまり、運搬の手間である。切り出された重い石は舟で江戸まで回漕されていた。「石舟」とよばれる和船で、巨石を運搬するに足る一〇〇石以上の大きさだった（荷重を軽減するために石を水中に没して航行する絵も残されているが、はたしてこのときの天下普請で用いられたかどうかは明らかでない）。だから石丁場から波止場までの距離が、そのまま運搬の手間にはねかえってくる。場合によっては運ぶために、道の整備までも必要となったからである。

波止場までは板に載った石を、丸太などのコロで曳き出す方法が用いられた。これを「修羅《しゅら》」という。江戸での手間を省くために、石は石丁場である程度まで加工されていたようだ。とにかく大がかりな普請では、多数の大名家が隣接した石丁場で作業を行っていた。同じ石材で同じようなサイズの石を運搬するのである。うちの石はどれだ、といったことも起こってこよう。石垣に刻まれた印は、そんな現場での混乱を防ぐのに一役買った。また発掘調査では、丁場が違う刻印をもつ築石が積まれていることが確認された。施工中、不足分が生じてしまい、それを補ったものだろう。ただし、融通し合ったものなのか、許可なく融通してしまったのか、築石は黙して語らない。解釈しだいで建設現場の雰囲気はガラリと変わってしまう。

陸揚げ用の運河、舟入堀

波止場で切石を積み込んだ石舟は、一路江戸を目指す（石舟に積み込むのには、轆轤船《ろくろせん》というクレーン船が使われたようである）。石の積み方が悪ければ重心が高くなり、不安定になったことだ

図42　**発掘された舟入堀の断面**

築石などの建築資材を陸揚げするため日本橋に掘られた10本の堀のひとつ。遺跡全体が堀に収まる。(12)

ろう。転覆事故も多かったに違いない。江戸に到着すれば、そこから普請場まで、石はふたたび曳かれていく。

　陸揚げされた切石は、やはり修羅で工事現場まで運搬された。しかし問題は、いかに舟から陸揚げするかであった。そこで日本橋に一〇本の舟入堀が設けられた。

　日本橋川と京橋川（現在の鍛冶橋通り）との間（およそ九六〇メートル）に楓川《かえでがわ》という運河があった。ちょうど江戸橋ジャンクション（ＪＣＴ）―京橋ＪＣＴの首都高都心環状線にあたる。この楓川を背骨（南北方向）に、外堀（西）に向かって肋骨のように一〇本の舟入堀が設けられたのである。開削された正確な年代は不明だが、慶長一二年（一六〇七）頃のことと思われる。もしそうだとしたら、それは第五次天下普請の前年だ。

　その一本が発掘された（図42）。発掘されたこの舟入堀は、日本橋川から三本目の堀にあたり、南北一〇メートル、東西四〇メートル（深さは、調査の安全上四・二メートルまで確認している）。

ここからは一六三〇〜四〇年代に瀬戸もしくは美濃で生産された（以下、瀬戸・美濃製）天目茶碗や志野茶碗などが出土した。このことは、舟入堀が使われていたのが一六三〇〜四〇年代にかけてであり、それ以降は埋められてしまった可能性を示唆している。事実、発掘調査ではこれよりも新しい生活面で、幕府奥医師の拝領屋敷が検出された（次巻で探訪する）。

寛永九年（一六三二）の絵図に舟入堀が描かれており、幕府奥医師がここに屋敷地を拝領するのは寛永一五年（一六三八）のこと。つまり日本橋川から三本目の舟入堀はその間の七年間に埋め立てられたことになる。これは発掘調査の成果に矛盾しない。

舟入堀は、外堀の普請後まもなく埋められたことになる。明らかに伊豆から回漕した巨大な切石を、効率よく荷揚げするための対策であることがわかる。そして埋め立てられた舟入堀跡地は町屋として開発される。城下町・江戸はこうして巨大都市へと発展していったのである。

見附の建築

石垣方（石垣の築造グループ）は見附の建築も担当した。第五次天下普請では一〇の見附（ほかに溜池櫓台）が建築された。このなかには四谷見附、赤坂見附といった、いまでもよく聞く地名として残っているものもある。

四谷見附は江戸から甲州・信州へ向かう甲州街道の玄関口。赤坂見附は大山への参詣者が行き交う大山道の出発点。どちらも交通の要衝に位置している。というよりも、交通の要衝だったからこそ、ここに見附が設けられたのである。

しかし、鉤形状にまがる城門は、明治時代以降、増加の一途をたどった交通にとって障害以外の何ものでもなかった。そんなわけで取り壊されてしまったわけだが、どちらも発掘調査が実施されている。発掘調査から四谷見附・赤坂見附をみてみることにしよう。

四谷見附

四谷見附の探訪は、四ツ谷駅前の公衆トイレから始まる。駅前広場の舗装タイルのデザインが、トイレ周辺で変わっている。四谷見附の枡形の位置を示したものだ。その規模およそ間口一三メートル、奥行き一九・五メートル。公衆トイレのまわりを行ったり来たりして、その大きさをイメージしようとする私たちの背後を、四谷見附橋を渡る車がひっきりなしに通り過ぎる。その下は外堀と併走してきた中央線。何か変ではないか。そう、甲州街道と枡形、それと見附橋の位置がずれているのである。

本来の甲州街道は現在よりも東側を通っていた（道幅が異なるのは言うまでもない）。そして公衆トイレ側にあった櫓門を入り、直角に曲がって高麗門を抜ける。雙葉学園の前に架かる橋、あれがほぼ当時の四谷見附橋である（**図43**）。

四ツ谷駅の改築工事で枡形の北西隅が発掘された（**図44**）。五段分の築石と、その裏込の栗石が

図 43 **四谷見附橋のたもとに残る四谷御門の石垣**

駅の東側にあるのが、本来の四谷見附橋の位置に近い。

図 44 **四谷見附の枡形の石垣**

石垣の隅は強度を高めるため、台形状の築石ではなく、直方体の切石を使用。（11）

図 45 一部復元された赤坂見附の枡形

外堀のラインがここだけ不自然に内側へと屈曲しているのは、築造時に地盤を検討した結果。

図 46 赤坂見附の発掘調査風景

強固な地盤を求めて 5 カ所も掘削していたことが明らかになった。(10)

出土した。外堀の石垣と違って築石が周囲をめぐる構造だが、栗石のさらに内側（石垣内部）は土が突き固められていることがわかる。また写真左端の隅の石が台形状の築石ではなく、直方体であるのがおわかりだろうか。石垣は隅っこが崩れやすい。そのためここは直方体の切石を交互に積み上げていって強度をもたせている。こうした積み方を算木積みというが、その様子が発掘調査でみてとれた。本来の位置にあたる四谷見附橋の脇に残る石垣（**図43**）は、この枡形の一部である。

崖際の難工事・赤坂見附

かつては赤坂プリンスホテルの境界際にほんの一部を残すのみの赤坂見附の枡形だったが、南北線の工事で発掘調査が行われた。いまではその一部が永田町駅の近くに復元されている（**図45**）。58頁の**図24**をみてみると、外堀のラインが赤坂見附で不自然に内側に屈曲していることがわかる。どうしてわざわざ、こんな屈曲をつけたのだろうか。その理由を、発掘された赤坂見附の枡形から探ってみよう（**図46**）。

発掘調査でまず驚かされたのが、枡形の基礎が据えられた深さである。枡形は、一トン前後の築石を何段にもわたって積み上げるので、基礎がしっかりしていることが大前提だ。そのためには堅牢な地盤でなければならない。基礎に耐え得る堅牢な地盤を求めて掘り下げていき、深いところではなんと五メートルも掘り下げていたことが明らかになった。この基礎工事（地形根切）は、関東ローム層と東京軽石層のさらに下の、白色粘土層にまで達していた。

そして発掘で明らかになったもう一つのこと、それはここの原地形が斜度約三〇度という急な傾斜だったということ。これはもう傾斜地というよりは、崖である。赤坂という地名自体、台地と低地とが入り組んだ地形を示している。枡形は台地の縁辺の崖際に築かれていたのだった。

調査地点は枡形の北東隅にあたった。これと絵図面の照合によれば、枡形の大きさは長辺五〇メートル、短辺四一メートル（どちらも外形）という堂々たるものだった。枡形の外側で、石組の排水溝が検出された。南から西の方向へ傾斜していることから、排水の方向がわかる。先ほどの四谷見附の枡形にはないこの施設も、崖際の水はけの悪い場所への対策だったのだろう。

こんな話が残っている。井伊直孝《なおたか》の描く縄張り案は、溜池の池畔に枡形を築くものだった。井伊直孝といえば、家康に側近（宿老）として仕え、大坂夏の陣で先鋒を務めた武将である。それに異を唱え、台地上に枡形を築くことを主張したのが土井利勝《としかつ》。二代将軍秀忠が家光に将軍職を譲る際に、「天下とともに土井利勝を譲る」と言ったといわれているが、参勤交代の制度を武家諸法度に組み込んだ敏腕政治家として記憶しておくべき人物である。

結果として後者が採用された。井伊直孝のプランニングなら不自然な屈曲を要さない。その分だけ、江戸城の郭内は広くなる。しかし低地の池畔に枡形を築くのはいかがなものか。普請を担当した福岡藩黒田家では、大坂城の石垣普請にもかかわった現場担当者の意見も参考に台地上の案を選ぶ。理由は地盤の強固さである。

実際の基礎工事では、強固な地盤を求めて掘り下げていったのは発掘調査でみたとおり。「の」の字のラインを唯一ゆがめた赤坂見附の枡形だが、発掘によって悪条件の地形を克服する、難工事に挑む人々の様子がありありと浮かんでくる。

III

大名屋敷探訪

本郷の加賀藩上屋敷

参勤交代と江戸の大名屋敷

寛政一〇年（一七九八）四月二二日、中山道《なかせんどう》に面した本郷（文京区）の上屋敷に、およそ四五〇名からなる行列が到着した。加賀藩一一代藩主、前田治脩《はるなが》の江戸参勤である。「下にー」（唱え方には諸説ある）という警蹕《けいひつ》の声高らかに、威儀を正した大藩・加賀藩の行列も、疲労の色を隠せなかったに違いない。

無理もない。四月四日に金沢を発駕《はつが》したこの参勤の行列は、江戸入府を一七日に予定していた。それが一八泊一九日という最長記録を打ち立てる行程になってしまった。本当にツイていない道中だった。魚津では片貝川の、牟礼《むれ》では千曲川の増水で足止めを喰った。加えて終盤の熊谷宿では、宿の変更も発生した。

金沢―江戸はおよそ一二〇里。一二泊一三日の行程が最も多い。ついでに言えば、この一行四五

○名はあくまでも藩主警護の本隊。これとは別に、露払いとして先行する一行や家老が率いる後続の一隊がある。それらを合わせれば、行列はおよそ二〇〇〇〜四〇〇〇人の規模にまでふくれあがる。当然、かかる旅費も半端ではない。

ご存じのように、参勤交代は武家諸法度によって義務づけられていた大名の軍役で、大名は一定期間を江戸で将軍のもとに仕え、他の大名と交代するかたちで暇をもらって領国に戻り、領国の政務をとることになっていた（だから参勤交代という）。一方、大名の正室や世嗣は江戸にいた。そのため江戸に藩主やその家族が暮らす屋敷が必要だった。これが江戸の四分の一を占める大名屋敷の存在理由。つまり、大名屋敷は江戸だからこそ存在する施設であり（大坂や京都にもあるが）、江戸という都市を特徴づける施設なのである。

赤門と御殿空間

加賀藩の上屋敷は現在、東京大学本郷キャンパスになっている。東大の顔としてよく知られている「赤門」（図47）も、藩邸に設けられた門の一つ。文政一〇年（一八二七）に完成した。

本郷邸の様子を描いた絵図はいくつかあるが、赤門が描かれたものを紹介しよう。図49は一八四〇年代前半に描かれた本郷邸の絵図をイラスト化したものである。左側やや下方に赤門がある。中央の心字池は、三四郎池といったほうがお馴染みだろう。この頃の本郷邸は一〇万三八二二坪、東京ドーム約七つ分の広さがあった（加賀藩本郷邸の詳細は、拙著『江戸のミクロコスモス・加賀藩江戸屋敷』新泉社を参照）。

図 47 **赤門（御守殿門）**

将軍家から前田家へと嫁いだ溶姫の御殿（御守殿）の門として文政 10 年（1827）に完成した。（15）

葵紋（徳川家）の軒丸瓦

梅鉢紋（前田家）の軒丸瓦

図 48 **赤門（御守殿門）の屋根瓦**

上に葵紋の軒丸瓦（徳川家）が、下に梅鉢紋の軒丸瓦（前田家）が葺かれている。

図49 1840年代前半の本郷邸の全体図

「江戸御上屋敷絵図」。中央部の朱色と緑色の部分が御殿空間。それを取り囲む紫色・青色・黄色が詰人空間。

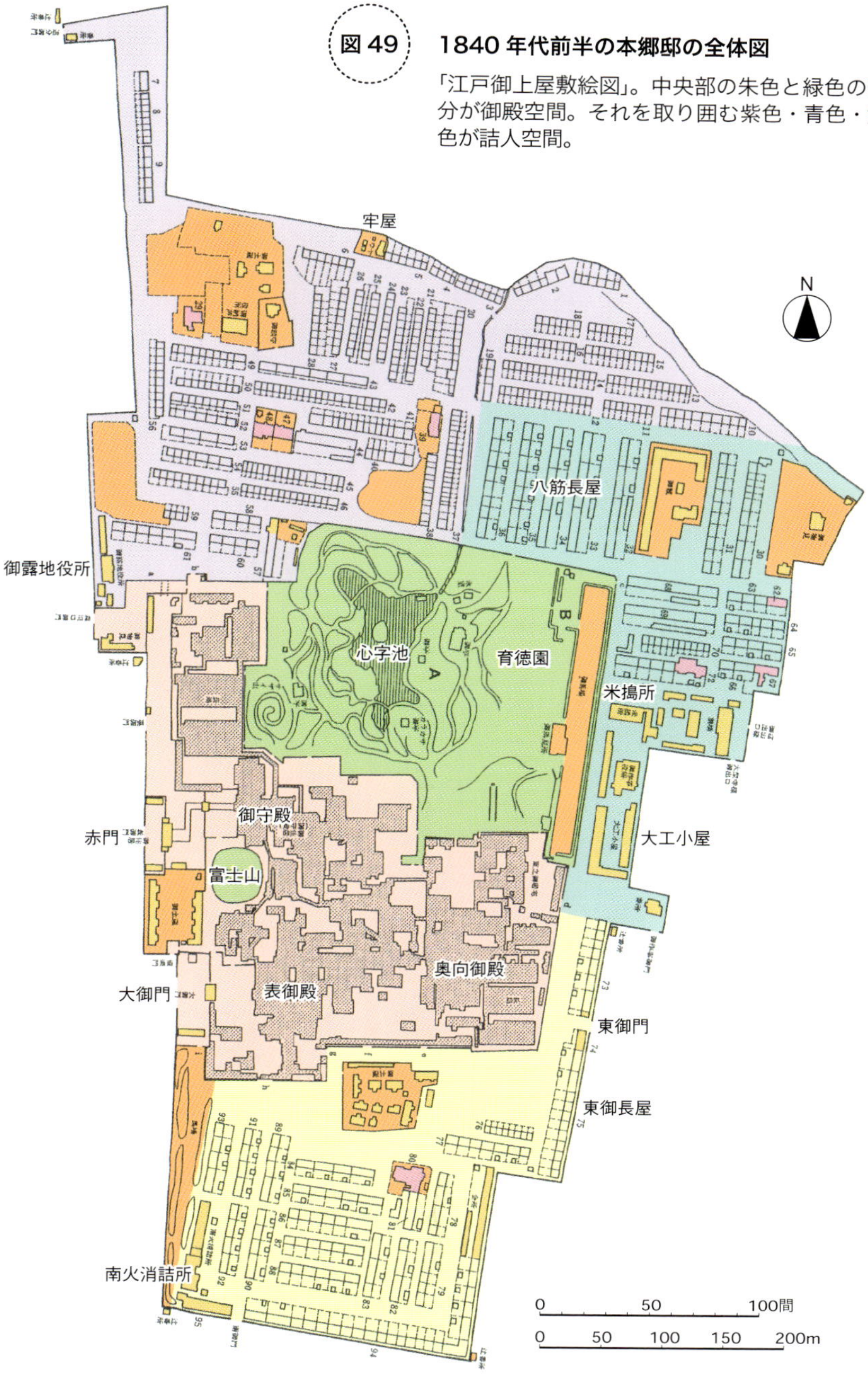

図49では、藩邸内を大きく五ブロックに色分けしてみた。中央の緑色のブロックは大名庭園「育徳園」。この庭園については次章でみていく。その南側、朱色のブロックが藩邸の主要部分、表御殿・御守殿《ごしゅでん》・奥向御殿である。御守殿というのは、大名に嫁いだ徳川家のお姫様（御守殿様）の住まいをさす。この絵図では一三代藩主斉泰《なりやす》の正室である溶姫《ようひめ》（将軍家斉《いえなり》の息女）の住まい。江戸城でみた大奥は将軍のプライベートエリアだったが、御守殿はむしろ正室のプライベートエリアである。一方、藩主のプライベートエリアが奥向御殿である。ちなみに御守殿の門は赤く塗られる習わしだった。明治元年、本郷邸は火災でほとんどの施設を焼失したが、幸いにも御守殿門は被災をまぬがれた。これが東大の赤門である。

詰人空間

この朱色のブロックを囲むように塗られている紫・青・黄色のブロックも、じつは住まいを表している。ただしこちらは屋敷ではなく、部屋の連なりである長屋。これらのブロックに描き込まれた細かなマスは、江戸藩邸での勤務（江戸詰《えどづめ》・勤番《きんばん》）を命じられた藩士たちに割り当てられた住まい（御貸長屋とよばれている。本書ではたんに長屋とよぶ）なのである。

このブロックにあるのは、長屋ばかりではない。どんな施設があったのか、いくつか拾い上げてみよう。紫ブロックの一番上（北側になる）には牢屋がある。このブロックの南西隅には「御露地役所」もある。心字池を中心とした庭園の維持管理にあたる部署だ。青色のブロックには「米搗所」、「大工小屋」。黄色のブロックの南西隅には「南火消詰所」がみえる。歌舞伎の演目でも知られている加賀鳶《かがとび》（加賀藩の大名火消し）の詰所である。

こうしてみると、一口に大名屋敷といっても、じつにさまざまな施設があったことがわかる。大きく捉えれば、御守殿をはじめ御殿が建ち並ぶ朱色のブロックと、藩士の長屋やさまざまな作業場が設けられていた紫・青・黄色のブロックの二つに分類できる。研究者は前者を「御殿空間」、後者を「詰人空間」とよんでいる。

大名屋敷（とくに上屋敷）は御殿空間・詰人空間という二重構造からなっている。ことに加賀藩の場合、上屋敷として拝領した本郷邸の敷地が広いことから、御殿空間を詰人空間が取り囲むように配置されており、藩邸内の暮らしの多様性を知るうえで良好な事例となっている。

発掘された能舞台

大名屋敷は藩主やその家族の江戸での住まいという役割ばかりでなく、江戸における藩の出先機関という役割も持っていた。その内容は多岐にわたるが、ここでは一点だけ取り上げよう。すなわち、幕府や他藩との渉外である。幕府や他藩との交誼を保ち、種々の情報をやりとりするための交際が藩邸を舞台に繰り広げられたのである。言ってみれば藩邸は「在江戸大使館」であった。

本郷邸の大御門（表門）は赤門の少し南側にあった。**図49**をみれば、赤門から下に地図をたどっていくと、一段奥に引っ込んで「大御門」とある。この引っ込みは、いまでも鉤形の道路として残っているから、赤門から歩いていけば大御門のおおよその場所はわかるはずだ。このあたりのキャンパスの塀は、土台に本郷邸の石垣がいまだに使われている。こちらも併せてみておきたい。

この大御門の向こう側に、表御殿が広がっていた。大書院があり、その前には白洲に浮かぶ能舞台。江戸城本丸で述べたように、御殿の構造は基本的に共通している。

表御殿をしばらく進み、江戸城本丸で触れた中奥に相当するエリアで発掘調査を行った（図50）。白色をした四角形の正体は、厚さ一〇センチの漆喰。上部には細長い廊下状のものが、この四角形に接しているから、お気づきの方も多いだろう。発掘された能舞台である。

先ほど廊下状のものといったのが「橋掛かり」で、周囲にある礎石は、舞台ではなくその下部構造を支えていた礎石。一〇センチの厚さで塗り固められていた漆喰は、この橋掛かりやシテ柱を据える（能舞台の下には音響のため甕を据えることもある。本郷キャンパスで発掘したもう一基の能舞台には、四隅と中央に甕が据えられていた）。

江戸時代、能楽は武家の式楽だった。このことはI章でも触れたが、ことに加賀藩は「加賀宝《かがほう》生《しょう》」といわれるほど、能楽が盛んだった。加賀藩の記録をみても、能が演じられたという記述は多い。たとえば一一代治脩は、四月二八日に結婚した正姫を、翌月四日に初めて表御殿の居間へと招いている（表2）。約一二時間にわたって行われたこの日の宴会では、めでたさを讃える「岩舟」など多くの能が演じられている。能をみに出かけることもある。後に一二代将軍になる徳川家慶《いえよし》の元服を祝う祝賀能では、養子斉広《なりひろ》とともに江戸城を訪れている（寛政九年〔一七九七〕）。

大名屋敷の中に占める、能舞台の役割の大きさがおわかりいただけただろう。発掘された中奥の能舞台では、藩主がプライベートに能を楽しみ、時には稽古を行っていたのだろう。

図 50 **能舞台**

中奥で検出された能舞台。白色は漆喰で、音響効果を高めるために塗り固められたと考えられる。(15)

表 2 **大名同士の付き合い**（前田治脩の寛政 10 年度の参勤から）

寛政10年（1798）	
4 月 4 日	金沢発駕
4 月22日	江戸着駕
7 月 7 日	江戸城へ江戸出府の挨拶
8 月21日	尾張藩主徳川宗睦の屋敷訪問
9 月28日	尾張藩主徳川宗睦、本郷邸訪問
10月 6 日	水戸藩主徳川治保の屋敷訪問
10月13日	尾張藩下屋敷（戸山邸）訪問
11月 4 日	将軍徳川家斉より、鷹狩りで獲った鴨を賜る
11月21日	水戸藩主徳川治保より、蜜蜂を賜る
12月21日	将軍徳川家斉より、歳暮のお返しの品を賜る
寛政11年（1799）	
1 月 1 日	江戸城にて新年の挨拶
2 月 4 日	将軍徳川家斉より、鶴を賜る
4 月 1 日	将軍へ交代の辞見（謁見と暇乞い）
4 月24日	薩摩藩主島津斉宣の依頼で能登の名所調査
4 月28日	正姫（大聖寺藩主・前田利道の息女）と結婚
4 月29日	将軍徳川家斉らより、結婚祝い
5 月 1 日	江戸城へ結婚終了の挨拶（富山藩主・前田利謙が代理）
5 月 4 日	夫人を初めて表居間へ招く
5 月 7 日	江戸発駕
5 月18日	金沢着駕

大名の交誼

一八泊一九日を費やした治脩の寛政一〇年の江戸参勤は、翌年五月七日に終わる（**表2**）。この参勤時には、正姫との婚儀もとり行われており、まさに治脩の人生の節目となった参勤だった。幼くして仏門に入った治脩も既に五三歳。いつしか人生の半分を、藩主として過ごしたことになる。

表2をみると、将軍への挨拶は当然としても、大名同士、藩邸に招き招かれといった交際が多いことがわかる。なかでも尾張藩主徳川宗睦《むねちか》との交際が一番多い。これは養子斉広の結婚相手が徳川宗睦の養女だったことに関係があるのだろう（二人の結婚はこの五年後）。二人とも国元に藩校を設立（宗睦は再興）した学問を重んじる藩主だった。どちらの藩校も「明倫堂」という名だったことからすると、あるいは婚家の付き合い以上に、両者は気が合っていたのかもしれない。

いずれにせよ、当時の結婚は親同士が決めるといっても（正確には幕府が決める）。この例では婚約は寛政八年（一七九六）九月二八日、幕府の許可は一一月二九日）、そこは大名同士、気軽に訪うというわけにはいかなかった。

寛政一〇年（一七九八）九月二八日の徳川宗睦の本郷邸訪問には、朝の一〇時頃から夜七時まで、多くの時間が費やされた。迎える加賀藩では接待の流れが事細かに定められ、詳細は省くが、酒や食事の饗応やプレゼント交換、茶事や能など内容盛り沢山な接待だったことが記録から読み取れる。

御成の食器

この年は、八～一〇月までの三カ月間に、四回もこうした接待が行われている。翌年は江戸発駕《はつが》までみられないが、それはやはり婚儀を目前に治脩も何かと忙しかったからなのだろうか。本郷邸では、こうした宴会で生じたゴミが捨てられた遺構もみつかっている。その一つが図51である。

これは本郷邸がまだ下屋敷だった頃の生活面から出土したゴミである。幸いなことに池状の遺構からは、大量の木製品や生ゴミが朽ちずに残されていた。木製品の主なものは白木の箸や折敷《おしき》。そして少数ながら木簡もある（図52）。「寛永六年三月十九日」という日付は、一六二九年。「ます（鱒）十五入」や「雁九ツ」、「あゆ」とともに、「富山」「高岡」という地名が読める木簡もあった。クール宅配便とはいかないが、国元から食材を取り寄せた送り状だ。

そして大量の素焼きの土器皿（図53）。素焼きの土器皿をカワラケという。カワラケが多量に出土するだけで、発掘時の興奮は増す。というのも、素焼きの土器皿は使えばすぐにシミになる。だから、捨てた。使った際に付いた汚れはケガレ。ケガレを忌み嫌い、汚れの付いた土器皿を捨てたのである。白木の箸や折敷もそう。漆塗りの箸や折敷は洗えば元の状態に戻るが、白木ではそうはいかない。つまり、ケガレを忌み嫌うような、何らかの儀礼にともなう宴が行われていたのである。

さらに、この遺構は条件が整っていたために、年代が記載された木簡も多量に出土していて時期も絞り込める。言い方はおかしいが、当時の人々の暮らしぶりがダイレクトに反映されるゴミを分析するのが考古学研究で、研究者はゴミの実態がわかりそうな遺構に出会うと楽しくなる。

いったい、ここで催された宴会はどのようなものだったのだろうか。木簡に記されている寛永六年の春、本郷邸では二つの大きな行事があった。一つは四月二六日に行われた将軍家光の御成。そしてもう一つが三日後の二九日に行われた、大御所秀忠の御成である。おそらくこのどちらかの宴会のゴミが発掘されたのだろう。

御成（将軍の外出・訪問）は鎌倉幕府でも行われていたが、室町幕府の頃に公式行事として体裁が整えられた（式正《しきしょう》の御成）。これは式三献《しきさんこん》の儀礼と、それに続く宴会とから構成されたもの。江戸時代になると、茶事により重点が移る（数寄屋《すきや》御成）が、儀礼と宴会の結びつきは変わらない。ちなみに、式三献の儀礼は三三九度の盃事《さかずきごと》としていまに伝わっている。

寛永六年の秀忠の御成に関しては記録が残っている。秀忠のほかに徳川頼房《よりふさ》・藤堂高虎《たかとら》・立花宗《むね》盛《しげ》が相伴し、それに付き従う家臣も含めれば数千人の一行が本郷邸を訪れた。式三献の儀礼や茶事、宴会が行われ、その間に能が催された。現在では時間がかかりすぎるために、ほとんど演じられることのない、七番立というフルプログラムだった。四番「花月《かげつ》」は藩主の利常《としつね》自らが舞っている。

まさに一日ぶっ通しで遊び尽くすといった観がある。加賀藩では前年までに、この御成のための御殿を建築している。当日の費用に加えてこうした準備も含めれば、御成にかけた費用は莫大なものになる。「遊び」と片付けるにはあまりに巨額なイヴェントだが、それにはそれなりのわけがある。

そもそも御成は将軍の権威を高める政治的なものである。式三献は将軍と大名との主従関係を改めて確認するパフォーマンス。だからこそ、江戸時代の御成が茶事に比重がシフトしたといっても式三献は略されなかったし、それゆえの公式行事だった。将軍と大名との主従関係を確認するという性格を有していたからこそ、秀忠や家光といった、幕藩体制が成立して間もない頃に頻繁に行われ、公式行事としての御成はしだいに減少していく。

図51 **ゴミが捨てられた遺構**

寛永6年（1629）の御成で使われた食器類などがまとめて捨てられていた。（15）

図52 **出土した木簡**

遺構からは、マスやアユなどの食材を各地から取り寄せた荷札もあった。（15）

図53 **出土した土器皿**

よくみると、内面に光っている部分がある。土器とはいっても金泥または金箔によって輝いていた。（15）

一八世紀半ば（一七四七年）の加賀藩の総予算は一万三〇〇〇貫（西日本の金沢は銀貨が用いられた）。そのうち江戸の藩邸関連でおよそ六〇〇〇貫が支出されている。この中には上屋敷である本郷邸ばかりでなく、中屋敷や下屋敷などの経費も含まれているとはいえ、支出の約六割を江戸での経費が占めていたことになる。忘れてはならないのが、江戸に収入源がないという点である。「在江戸大使館」と位置づけたように、藩邸は幕府・大名との渉外が大きな役割だった。本郷邸の御殿空間はまさにその中心的な存在で、発掘された遺物からもそれがうかがえるのである。

中級藩士の長屋

江戸の藩邸には、年間約六〇〇〇貫もの経費がかかった。これには江戸詰の藩士たちの人件費も含まれていた。それではは江戸にはどの程度の藩士たちがいたのだろうか。一八世紀半ばの記録によれば、四二五〇人・馬六〇頭（藩主が国元にいるときは、それぞれ二七五〇人・二五頭）とある。本郷邸には多いときで三〇〇〇～四〇〇〇人がいた。その人々が暮らしていたのが詰人空間である。**図49**の詰人空間には、ところどころピンク色に塗られた箇所がある。これは個人に割り当てられた戸建ての官舎。国元と江戸とを往復せず、一貫して江戸で勤務する藩士（江戸定府《じょうふ》）に割り当てられた。加賀藩では、それはごく少数で、大部分は国元からの単身赴任者で占められていた。言ってみれば本社採用と現地採用ということになるだろうが、この割合は藩によって異なっていた。

江戸詰の藩士たちの大多数が、国元からの単身赴任者だった加賀藩。一口に藩士といっても、騎馬武者である平士《へいし》以上のものと、御歩《おかち》、足軽などさまざまである。知行高でみても、一〇〇～二〇〇

図 54
現存する大名屋敷の長屋
三田（港区）の三井倶楽部に残っている佐土原藩上屋敷の長屋。江戸藩邸の詰人長屋は現在ほとんど残っていない。

〇石の者が三分の一を占める一方で、一万石以上が一二名もいる（文化四年〔一八〇七〕の記録）。そうした多様な藩士たちが、一様の長屋に割りふられていたわけではないことは容易に想像がつこう。**図49**で色分けをしているのは、これを表している。黄色のブロックは中級藩士といったところだろうか。**図55**は、黄色のブロックにある東御長屋を発掘した際にみつかった、藩士たちの長屋である。調査区全面というわけにはいかないが、直径八〇～九〇センチの礎石が点在するのがおわかりだろうか。ほぼ一間（一・八メートル）間隔で並んでいる。調査区を左右に横切るのは、長屋の排水溝。この付近の東大の塀には、本郷邸の石垣がまだ残っていて、排水溝が繋がる排水口はいまでも無縁坂に続く歩道からみえる。

調査区近くには、この長屋の共同井戸の一つが残っている。現存する石垣や井戸をもとに、遺構と絵図とを照合させたのが**図56**。これをみると、

図 55　東御長屋の遺構

塀の外が無縁坂に続く道。調査区を横断する石組溝につながる排水口が、塀下の石垣に現存している。(15)

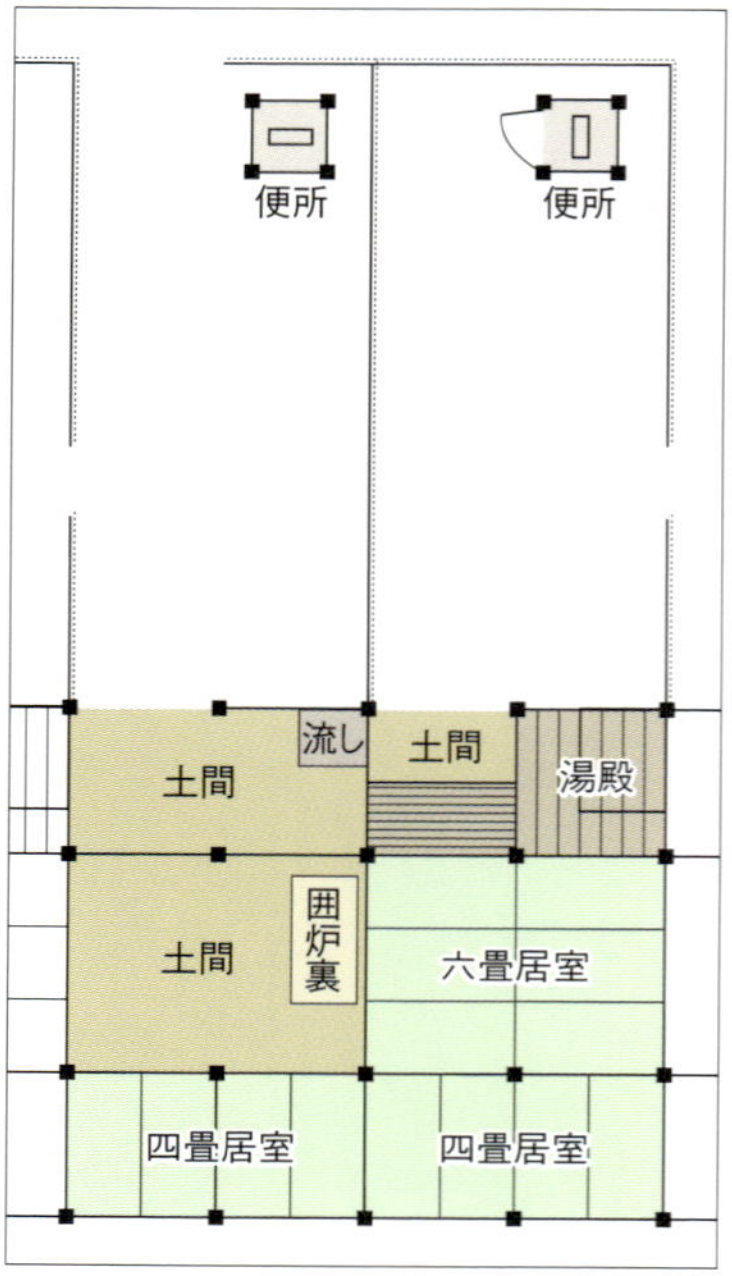

図 56　東御長屋の復元図

図 55 の遺構を「加賀藩江戸屋敷絵図」(文久３年〔1863〕)に重ねると、ほぼ重なり合う。中央上の井戸は現存する。

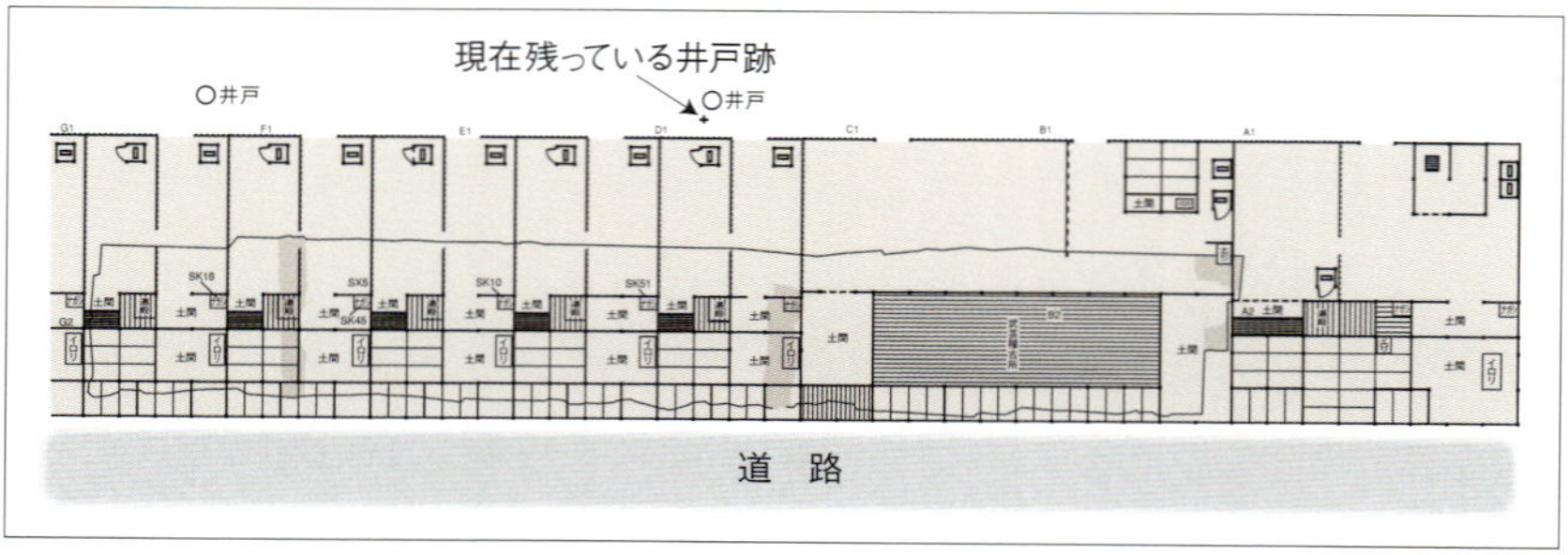

図 57　**足軽・聞番長屋から出土した道具類**

天和２年（1682）の火災で焼失した長屋で使われた道具。
照明具（右上）や食器（下段）のほか、香炉や花入もある。
（15）

図 58　**ゴミ穴から出土した徳利**

藩邸内の巨大ゴミ穴から出土した徳利の数は 1033 個。
使用後は店へ返却するはずだが…。（15）

長屋の構造はおおよそ次のとおり。二つの四畳の居室・囲炉裏のある六畳の土間・流しのある四畳の土間・六畳の居室・二畳分の湯殿・二畳分の土間と板の間。便所は二つ。ここに主人とその家来が暮らしていた。**図56**の上のひとブロックを見ると、便所が二つある。調査区外だったが、この二つは主人と家来の別だった。

下級藩士の暮らし

下級藩士の長屋は、藩邸の北側（紫のエリア）を中心に広がっていた。先ほどみた東御長屋と異なり、北側は水戸藩中屋敷に隣接していて通りには面していない。そうした目立たない空間なので、長屋も簡単な造りだったことが予想される（紫のエリアの中には牢屋もある）。

図57は、**図49**よりも一六〇年ほど前の、下級藩士の長屋から出土した生活道具である（当時は**図49**よりも右の附属病院の場所に長屋があった）。ここの長屋はみつかった礎石から、間口二間・奥行き三間の六坪のワンルームだったことがわかっている（相部屋で、井戸や便所は共同のものが長屋の外に設けられていた）。長屋は天和二年（一六八二）の火災で焼失した。礎石には焼けて炭化した柱の跡が残っているが、その太さはわずか六センチ（二寸）。瓦葺ではなかったようだ。

このように長屋の間取りや場所は、基本的に居住する藩士の役職や禄高と関係していた。ただし例外もある。御守殿周辺がそれで、ここには溶姫（御守殿様）の入輿にともなって徳川家から出向してきた家臣たち（御住居附《おすまいつき》）が居住していた。前田家中ではない彼ら（あくまでも徳川家の家臣）には、**図49**で塗り分けたような藩邸内の長屋配置が適用されなかったのである。

市ヶ谷台の尾張藩上屋敷

市ヶ谷台と亀岡八幡宮

安藤広重の名所江戸百景「市ヶ谷八幡」（図59）は、市谷土橋から亀岡八幡宮をみあげたもの。ここは太田道灌が鎌倉の鶴岡八幡宮を勧進したもので、鎌倉の「鶴」に対して江戸の「亀」であるという。いまでは林立するビルの狭間《はざま》に石段がひっそりと続くが、かつては門前に茶屋や芝居小屋が軒を連ねていた。市ヶ谷八幡の左奥、木々の梢からのぞいている火見櫓《ひのみやぐら》が、尾張藩邸の火見櫓（遠見所）。現在、防衛省となった藩邸には、火見櫓のかわりに通信鉄塔が天にそびえている。

御三家筆頭の大藩だけあって、尾張藩の上屋敷（市谷邸）はかなり広い（図60）。屋敷に入る前に、敷地をぐるっと一周してみよう（図61）。

亀岡八幡宮の東にある左内坂《さないざか》が藩邸の東縁。左内坂を登りきると道は二つに分かれる。一つは印刷工場へ向かって下りる中根坂《なかねざか》、もう一方の西へ向かう平坦な道が、藩邸の北側の境となる。この道はやがて市ヶ谷仲之町の交差点に至る。十字に交差せず、鉤の手状になっているのは、かつてここに馬場があったから。ここが市谷邸の西縁となる。

現在、警視庁第五機動隊がある西側一帯にあった「西御殿」は、もともと火除け明地と留守居番同心の拝領屋敷地だった。藩邸が手狭になった明和五年（一七六八）に藩邸に組み込まれ、西御殿とよばれる御殿が造られた。

図 59　**安藤広重の名所江戸百景「市ヶ谷八幡」**

左隅にみえる火見櫓が尾張藩市谷邸。

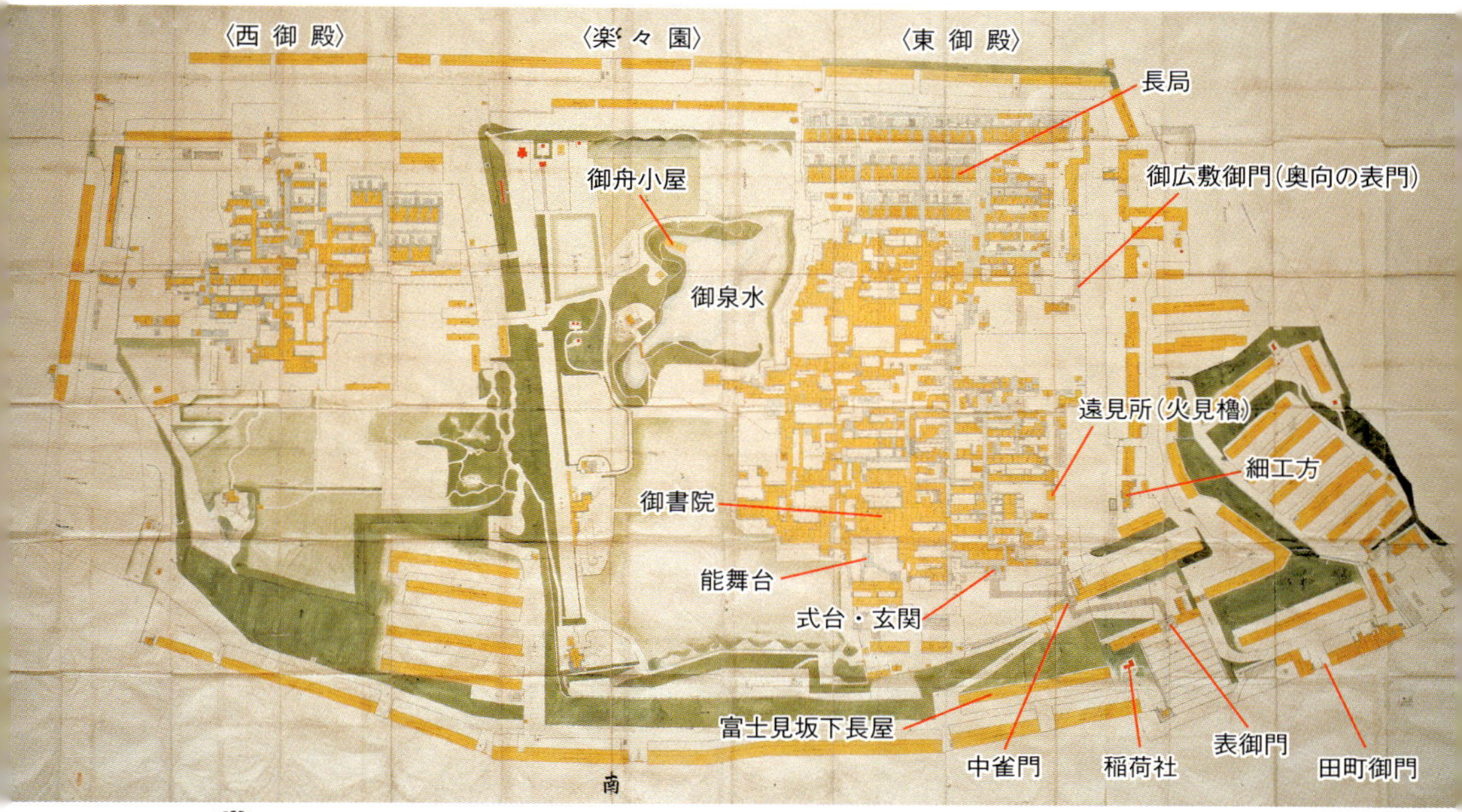

図 60 **市谷御屋敷之図**

帙（保存容器）の記載から文政８年（1825）に作成され、右筆部屋に保管されていたものだったことがわかる。

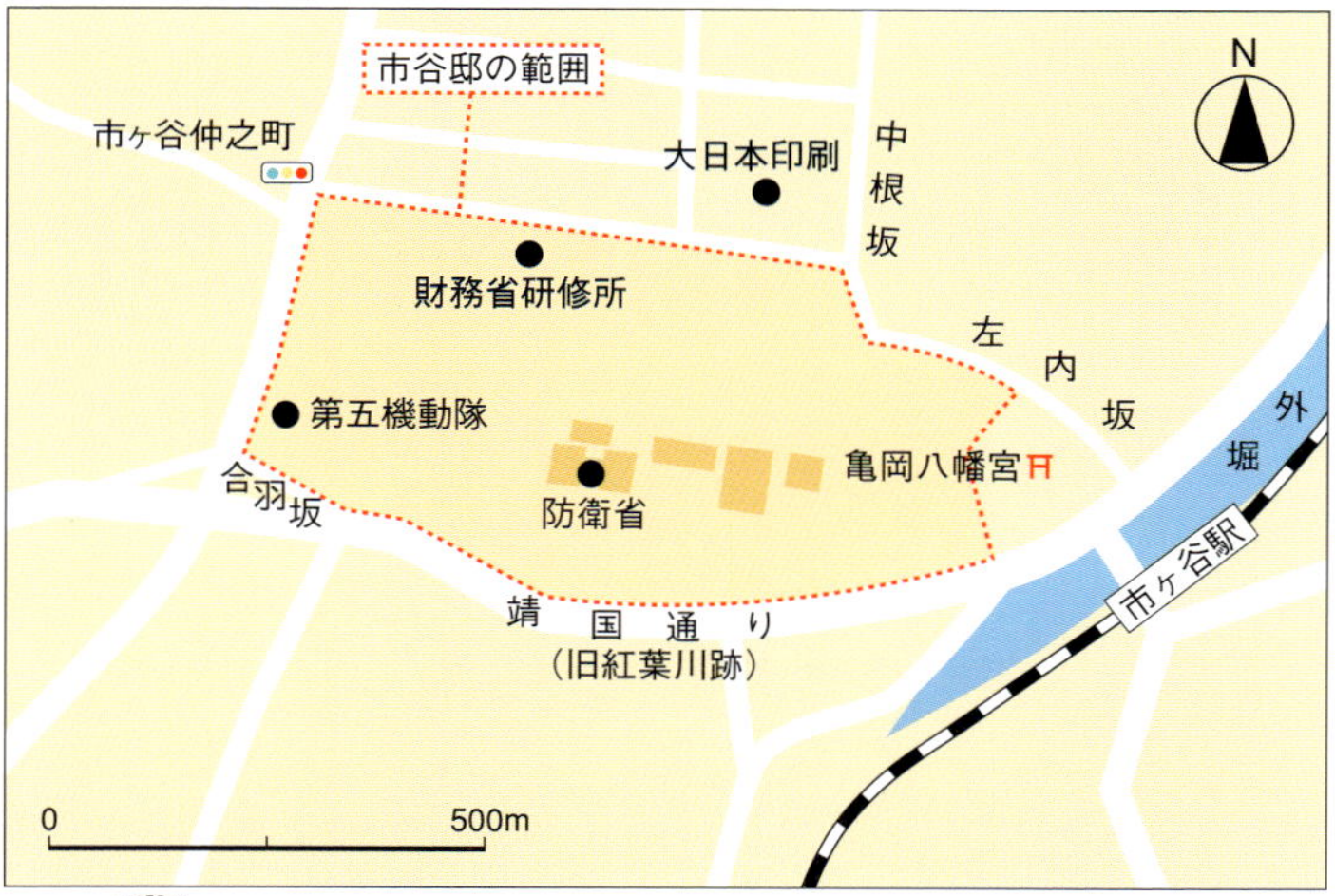

図 61 **現在の旧尾張藩市谷邸周辺図**

道を下った合羽坂が藩邸の南西隅。靖国通りはかつての紅葉川の跡である。藩邸の南縁は、この紅葉川の河道跡に沿うように続いていた。

藩邸の敷地は約八万五〇〇〇坪（東京ドーム六個分）にのぼる。実際に歩いてみれば、その広大さばかりが、台地縁辺部に立地する藩邸の地形的な特徴も体感できると思う。

市谷邸の写真

市谷邸の広さや地形を踏まえたうえで、幕末から明治初年頃に撮影された古写真をみてみよう（図62）。撮影位置は不明ながら、「市ヶ谷八幡」を描いた広重の視点とくらべると、市ヶ谷駅からやや四ツ谷寄りで撮影したと思われる。傾斜地に広がる藩邸の様子がよくわかるカットである。

いま、この写真に写っている建物群を上・中・下の三段で捉えてみることにしよう。防衛省周辺を歩けばわかるように、市谷邸は敷地内の高低差が著しい。だから建物も、土地の低い場所と高い場所、その中間に建つものとがある。

下段の右端から三つ目の切妻《きりづま》屋根の建物が門である。そう言われると、門であることが何となくわかるのではないだろうか。これは田町御門とよばれた藩士たちの通用門。門の両脇の海鼠《なまこ》壁《かべ》の建物（右から二つ目と四つ目）が御長屋。そのうち、右から二つ目の御長屋は二階建てで、三×一一間の広さだった。右端に写る格子窓の建物は絵図面によると「御物見」とされて、裏側に玄関が設けられている。藩士の長屋とは違うようだ。

上段で最も目立つのが、火見櫓（絵図には遠見所とある）。本書の写真では伝えられるかわから

図62　明治初年の尾張藩市谷邸

撮影年は不詳。表門周辺を撮影したもので、
火見櫓には人影が認められる。

ないが、目をこらして写真をよくみると、櫓の上に人がいる。これ以外の上段の建物は、中段の御長屋（二×四六間の二階建て）の陰に隠れて、その屋根がかろうじてみえているにすぎない。

中段では長屋が目立つが、その左側には表御門も写っている。入母屋《いりもや》屋根の長屋門で、写真にはその幅広い石段（アプローチ）も写っている。表御門の位置は、防衛省と隣接したホテル付近にあたる。

表御門とお稲荷さん

市谷邸は明治時代に陸軍士官学校となり、戦後は陸上自衛隊の駐屯地として利用されてきた。現在では防衛省の高層庁舎がここに建ち並んでいるが、その建設に先立って発掘調査が行われ、**図62**に写っている表御門の礎石の一部がみつかっている。礎石は一・七メートル四方、深さ一〜一・六メートルの掘り方の中に据えられ、三段の根石に支えられていた。南北に三基並んでおり、それぞれの間隔は一間（一八〇センチ）だった。表門の東縁である。通用門だった田町御門が通りに面しているのに対して、表御門は通りから石段を登っていく。この表御門までの石段というアプローチが藩邸の、それはつまるところ「藩」の威容を誇示するのに効果的だったことは想像に難くない。

なおこれは余談だが、本書では大名家とその封《ほう》について一般的な「藩」という言葉を用いている。しかし「藩」が公式の言葉になったのは明治になってからのこと。江戸時代には（儒学者が古代中国の制度に擬して藩とよんだりはしたものの）、一般的には「家中《かちゅう》」といった。

さて、このアプローチに沿った塀の内側にはお稲荷さんがあったようだ。南北四・八×東西二・九メートルの長方形の基礎で、南側には四〇センチほどの突出部が付いた建物の基礎がみつかった（図63）。付近から出土した石製品には鳥居もあったから、邸内社《ていないしゃ》であることがうかがえる。それがどうしてお稲荷さんであるとわかったかと言えば、石製品の中にある神額がキーとなった。図64のように、「社」の字の一部がかろうじて残った額だが、その右側に狐の姿がわずかにみえる。図60にある表御門脇の稲荷神社がこれだろう。

稲荷神は稲の神・農業神で、それが商業の神として、そして屋敷神として、武家地でも崇拝された。大名屋敷に神社が勧請された例はほかにもあって、大名屋敷はなくなっても、屋敷内にあった邸内社はそのまま残っていることがある。前章でみた、虎ノ門の金刀比羅神社もその一つだったが、やはり稲荷が多い。たとえば柳河《やながわ》藩立花家の上屋敷にあった稲荷が、現在、西町太郎稲荷（台東区

図 63 **藩邸内にあった稲荷社の礎石**

大名屋敷には国元の社寺が勧請され（邸内社）、一般に公開されることもあった。(17)

図 64 **稲荷社の神額の一部**

右端に狐がわずかにのぞいている。

図 65 **東御殿の玄関**

玄関部の礎石が検出された。手前の玉砂利は白洲。(17)

東上野）として、下屋敷にあった稲荷が、現在、光月町太郎稲荷（同入谷）として残っている。

とりわけ有名なのは赤坂の豊川稲荷だろう。これは三河国西大平《にしおおひら》藩主（岡崎市）となった大岡越前守忠相《ただすけ》（名奉行「大岡越前」その人）が、三河の豊川稲荷を赤坂の下屋敷に勧請したもの。もっとも本来の下屋敷（赤坂豊川稲荷）はもっと赤坂見附寄りにあり、現在の地に移ったのは明治になってからのことである。

市谷邸の御殿

市谷邸の御殿は台地の上にあった。**図62**で言えば上段の一帯である。だから御殿へと向かうには、表御門からさらに坂を登って行かなくてはならない。表御門を過ぎても石段が続く。そして中門をくぐり、ようやく御殿の玄関に到着する。このあたりの空間演出は江戸城本丸のそれとじつによく似ている。

中門は別名、中雀門という。大名ならだれでも設けることができたわけではない。明治二二年（一八八九）に旧幕臣が著した、江戸幕府の儀礼や大名の席次などの記録である『徳川盛世録《せいせいろく》』をみると、御三家・島津家・伊達家などに設けられたとある。前田家は幕番所のみとあるので、本郷邸ではテント状の仮設番所だったのだろう。中門といっても侮れない。

その先に式台《しきだい》・玄関が構えられていた。**図65**が検出された玄関部。玄関の基礎は写真奥から中程にかけてせり出している。その手前にみえる玉砂利は、玄関前に敷き詰められていた白洲である。『徳川盛世録』には、尾張藩の玄関について次のような記述がある。

「尾張・紀伊・水戸の三家および彦根の玄関は他家と異なり、やや箱玄関に類似せり」

ここでいう「箱玄関」は、京都の二条城をイメージすればいい（図66）。二条城では、唐門を抜けると、白洲の向こうに車寄せがせり出している。この箱玄関にちょっとだけ似せていいという微妙さが重要だった。箱玄関は幕府のほか、喜連川《きつれがわ》家に許可されていたようだ。喜連川家は関東公方《くぼう》の系譜を引く（足利氏の後継）ということで、旗本ながら大名待遇だった。その喜連川家が幕府と同じで、御三家はそれに少し似せていいというのは、家の格付けにほかならない。

江戸の大名屋敷、いや全国にある城の御殿も含めた武家屋敷全体が、基本的な様式を江戸城の本丸御殿と同じくしていながら、実際には、ここで触れた中門や玄関の型式などを通して差異（格付け）がつけられていた。

赤門を思い出していただきたい。屋敷に赤く塗られた門があれば、将軍家からお姫様を正室に迎え入れた家であることがわかる。赤門の屋根をみよう。前田家の家紋が入った瓦とともに、葵紋の瓦が葺かれている（**90頁、図48参照**）。門や玄関は、その家の格が反映されるものなのである。付け加えるなら、この玄関は幕府からの上使など、特別な来客を迎えるために使用されたもの。藩主も日常の出入りには、もう一つ別に設けられた出入口を利用し、江戸城登城や参勤交代といった際にのみ利用していた。

市谷邸では、西側にも御殿（西御殿）が造られたが、それはあくまで添御殿。西御殿に対してこちらは東御殿とよばれることもあるが、あくまでもここが市谷邸の本殿である。その玄関は文字どおり藩邸の顔だったのである。

藩邸の政務空間

さて、玄関から入って左側へ進むと書院に至る。書院に面した白洲の中に、能舞台が設けられていたのは江戸城本丸や他の大名屋敷と同じ。白洲の玉砂利と三間四方の基礎が発掘されている。この三間四方の基礎が、京間三間で造られた市谷邸の能舞台だった（**図60参照**）。

大名屋敷の御殿は、それぞれの藩の在江戸大使館だったことは既に述べた。大名との交誼を深めるほかに、政庁としての機能もあった。加賀藩本郷邸では、御殿の政庁部分には既に東大の校舎が建っているため、発掘調査で実態を知ることは難しい。しかしここ尾張藩市谷邸では、幸いにも政庁部分が残っており、発掘調査が行われた。

なかでも「御右筆《ゆうひつ》」と「御右筆組頭」部屋の近くで礎石がみつかっている。右（祐）筆は書類作成を担当する部署で、書記官といったところ。周辺には水滴の出土が目立った。藩邸では将軍や老中など、幕府へ提出する文書をはじめ、じつに多くの文書が作成された。細かな書式にのっとった文書を作成する右筆が尾張藩の文書行政を支えていた。**図60**の絵図も右筆部屋で保管されていたらしい。水滴には「右」や「御記録所」と墨書されたものもある。文書作成の部署らしい備品である。

奥向き

東御殿をさらに奥に進むと、奥向き（奥御殿）といわれるエリアとなる。ここから先は、純然たる藩主のプライベートエリアである。江戸城の大奥同様に、大名屋敷でも奥向きへの出入りは厳格に制限されていた。この奥向きとの仕切りとなる門（御広敷御門）がみつかっている。

図 66　**京都・二条城二の丸御殿の玄関（車寄）**

右手、来観者が出入りしている部分が玄関で、奥の殿舎（遠侍）からせり出している。市谷邸の玄関もこれに近かったのだろう。

図 67　**奥御殿出土の装飾品**

貝・骨角・ガラス製品で、簪、笄などの装飾品が目立つ。(17)

奥御殿の中程にあった大溜《おおたまり》のあたりが発掘された。溜（部屋）とは控えの間のことで、この大溜はおよそ三九畳。調査区全体に礎石跡が広がっていた。また、いかにも奥向きらしいガラス製の髪飾りなどが出土している（**図67**）。

藩士たちの食器

図62の古写真の下段には藩士たちの勤番長屋が連なり、台地の上にある御殿とコントラストを呈している。写真の反対側、藩邸北側の道沿い（現在、財務省の施設のある周辺）にも、藩邸の塀となる長屋（長屋塀）が連なっていた。市谷邸も詰人空間は御殿を囲むように、その外側に設けられていたのである。

防衛省の建設で発掘された調査区では詰人空間は少なかった。わずかに富士見坂下長屋とよばれる一帯が調査されている（**図60参照**）。この長屋近くで出土した遺物をみてみよう（**図68・69**）。**図68**の皿の裏には「御小納戸《おんこなんど》」と鉄釉で記入されている。「小」のみが記された碗も多い。

御三家筆頭の尾張藩では、幕府に準じた職制を採用していた。それからすれば、小納戸は藩主に近侍して、身のまわりの世話をする役と考えてよいだろう。同じく藩主に近侍する役職に小姓《こしょう》役がある。あるいは「小」のみの食器は小姓役のものだろうか。いずれにせよ、右筆部屋付近で出土した水滴同様、これらも職場の備品と考えてよさそうである。

少し時期の新しい遺構からは、**図69**のような碗が多く出土する。軽快なタッチで描かれた柳から「柳碗」とよばれている。文様のタッチが軽快というのは、裏を返せばラフな絵付けということになる。いわゆる雑器の類だが、同じ絵柄がこれほど多量にあるというのは、長屋に暮らした藩士個人の食器というよりは、先ほどの小納戸組の食器のように、藩邸内のどこかの部署で用いられていた食器と考えられる。

そのどちらの食器も瀬戸・美濃製である。江戸の食器は肥前製磁器のシェアが圧倒的だった。これはどの大名屋敷にもあてはまる。むしろ瀬戸・美濃製が出土する市谷邸が特殊な事例である。瀬戸・美濃という一大窯業地を擁する尾張藩にとって、自国産の製品を備品として購入するのはごく当たり前のこと。勤め先の取引関係からビールや車を選ぶのに似ていなくもないが、大名屋敷の発掘調査では、自藩で生産された焼物が出土する例は多い。

藩邸の漆工房

富士見坂下長屋周辺からは、**図70**のような漆関連の遺物も出土している。椀や箸などの漆器でない点が重要だ。

図70をよくみてほしい。茶碗の底や貝殻の中に漆がこびり付いている。これらは漆を塗る際に使われたパレットである。ほかに漆を漉す紙も出土している。漆器椀も出土しているが、圧倒的にこうした漆塗り関連の遺物のほうが多い。当時の漆は、塗料あるいは接着剤として現在以上に多用されていた。長屋で漆を用いた作業が行われた可能性も否定できないが、絵図をみると、富士見坂下長屋の近くに細工所《さいくじょ》がある。一遺構から出土する遺物量を調べると、漆器椀七八点に対して、漆塗り関連の遺物が約一六〇〇点と圧倒していることから、細工小屋で生じたゴミである可能性のほう

図 68

藩士の長屋周辺でみつかった皿

裏側に「御小納戸」、「小」と記入されている。藩士が職場で用いた食器は、国元の瀬戸・美濃製品。(17)

図 69

藩士の長屋周辺でみつかった碗

軽快なタッチで描かれた柳から「柳碗」とよばれている。邸内のどこかの部署で用いられていた食器と考えられる。(17)

図 70

漆塗りのパレット

左は碗、右は貝殻を利用。どちらも細工所や大工所に近い富士見坂下の長屋周辺で発掘された。(17)

が高いだろう。

もっとも、尾張藩の細工所がどのような組織で、細工の分野にはどういったものがあったかについてはわからない。参考までに加賀藩の御細工所《ごさいくじょ》について紹介しておこう。

加賀藩の御細工所では当初、武具の細工を本来の任務としていた。やがて藩主が日常に使う調度品の製作や補修などを行うようになり、その細工の分野は、紙細工、針細工、漆細工、象眼《ぞうがん》細工、蒔絵《まきえ》細工、刀鍛冶細工、轡《くつわ》細工など多岐にわたっている。こうした細工に従事するのを本役としながら、能の役者を兼務としたことも加賀藩御細工所の特徴だろう。シテは能大夫（時に藩主自身も）が務めるが、それ以外の役は御細工者が務めることとなっていた。

大名屋敷では、大名の接待や事務仕事ばかりでなく、ある種の生産活動も行われていたのである。発掘調査によって裏付けられた、大名屋敷のもう一つの顔である。

海辺の仙台藩上屋敷

汐留シオサイトの大発掘

ペデストリアンデッキを歩く頭の上を、お台場へ向かう人々を乗せた「ゆりかもめ」が過ぎていく（図71）。ここ汐留シオサイトは一〇を超す高層ビルやホテル、劇場がそろった複合都市。ショッピングや食事、あるいは観劇でここを訪れた方も多いだろう。シオサイトからお台場というコースが、東京を訪れる修学旅行生にとっては、国会議事堂見学よりも人気らしい。

ここシオサイトはまさに、東京という都市の中に新たに生まれた都市である。しかし、数年前までここは、二二万平方メートルという想像を絶する大発掘現場だった。開業間もない「ゆりかもめ」の車窓から、発掘調査の様子をみた方も多いのではないだろうか。

余談だが、「ゆりかもめ」の駅には、それぞれ文様が割りふられている。船の科学館駅が帆掛け船の文様というように、各駅の特徴がデザイン化されたもので、汐留駅は鬱金《うこん》色の葦文様。これは海辺に面した浅瀬だった江戸時代初めの汐留を表現したものだろう。

この汐留を造成した様子はⅠ章でみた（**22頁、図4参照**）。造成されたこの地には、仙台藩伊達家の上屋敷（二万五八〇〇坪）、龍野藩脇坂家（八二〇〇坪）、会津藩保科家（二万九五〇〇坪）の中屋敷などが置かれた（**図72**）。

仙台藩伊達家芝口邸

伊達政宗を藩祖とする仙台藩は六二万石、東北地方最大の藩である。領地は宮城県全域を中心に、岩手県や福島県の一部に及ぶ。また近江国蒲生郡、常陸国龍ヶ崎などにも知行地をもっていた。江戸藩邸の場所は時期によって異なるが、幕末では芝口《しばぐち》に上屋敷（これが汐留遺跡の一部）、愛宕下に中屋敷、麻布と大井、それに下大崎に下屋敷があった。

新橋五丁目に塩竈《しおがま》神社がある。これがもうお馴染みの邸内社で、愛宕下の中屋敷にあったもの。もともとは航海の神様だが、潮の満ち引きにかかわることから安産の神様としても信仰された。中屋敷の塩竈神社も期間限定ながらも開放されて、そのときは一般の人々の参詣が可能だった。
さて、汐留遺跡にあった仙台藩上屋敷、芝口邸の表門は、屋敷の西側、現在の汐留通りに面して設けられていた（これは汐留遺跡の他の二藩もそうだった）。

図73の中程に並ぶ三つの礎石には、臍穴《ほぞあな》が穿たれているのがみえるだろうか。これが検出された芝口邸の表門遺構である（写真手前が汐留通りになる）。尾張藩市谷邸で述べたとおり、門は大名の家格を示す重要な象徴だった。六二万石の国持大名である伊達家の門は、左右に番所を有し、長屋とは独立したものだった。

藩邸は一八世紀後半から一九世紀にかけて、四度の火災に遭っている。そのいずれかの火災でこの表門は焼失した（**図73**の礎石にも、ところどころ赤化した火災の痕跡が認められる）。焼失後、門が再建されるまでの応急処置として、簡略な冠木門《かぶき》が建てられた（**図74**）。調査ではこの冠木門の木組み遺構もみつかっている。

冠木門とは、門柱の上を横木が貫いただけの門。大名屋敷の門としてはあくまでも仮設のものであるから、藩としても天保期には門の新築計画を立てていた。東京大学に残る模型は、計画時に造られた完成模型（**図75**）。結局、表門は再建されることなく、冠木門のままで明治維新を迎えることとなった。

張りめぐらされた水道網

藩邸西側の汐留通りからは、人だけでなく水も入ってきた。藩邸内の上水は、羽村から流れてき

図71　**ゆりかもめと汐留シオサイトのビル群**

汐留貨物駅跡地の再開発で行われた発掘調査は、江戸遺跡の中でも最大級の調査だった。

図72　**汐留にあった大名屋敷の位置**

北から龍野藩中屋敷、仙台藩上屋敷、会津藩中屋敷。汐留川をはさんで浜御殿があった。

図73 **仙台藩上屋敷の表門の遺構**

手前が汐留通り。62万石の仙台藩の表門は左右に番所を備えたものだったが、18世紀後半に焼失。(13)

図74 **冠木門**

天保11年刊『青標紙』より。

図75 **仙台藩邸表門の完成模型**

総瓦葺の切妻造。左右には唐破風離番所が付く。この模型の屋根は取り外せ、内部構造をみることができる。

た玉川上水の水を用いたが、その取水口も汐留通り側に設けられていた。玉川上水の水は隣接する浜御殿（現在の浜離宮庭園）を経て海へ流れるので、羽村から六〇キロを流れてきた最末端の水だった。水質や味はどうだったのだろうか。

藩邸への上水の引き込み口は二カ所あった。表御門の南北にある長屋からそれぞれ取り入れている。それは水道管の施工の都合というよりは、表御門を避けてのことだろう。こんなところにも、藩邸あるいは藩に対する意識が表れているのかもしれない。

図76が江戸時代を通じて利用された藩邸の取水口である（表御門の北側にあたる取水口）。石組溝の中を木樋《もくひ》の導水管が走り抜けているが、繰り返し修繕されていたことがうかがえた。ここから取り入れられた上水は三方向に枝分かれし、表御殿、奥御殿、長屋へと藩邸内の各所へと給水された（**図77**）。

こちらを主とすると、表御殿南側に設けられた取水口は従。こちらは藩邸南側にある詰人空間へ水を給水した。

舟入場

海岸部の埋立、河川の暗渠化が著しい東京に暮らしているとなかなか気がつかないが、江戸では舟運が重要な役割を担っていた。海に面した藩邸（汐留川をはさんで浜御殿があるとはいえ、汐留遺跡にあった三つの藩邸は海に面していると言ってよいだろう）は、舟運の利用が便利だった。舟入場を設ければ、直接舟を藩邸につけることができたからである。

そんなことから三藩邸いずれにも、舟入場が設けられていた。図78は仙台藩の舟入場である。巨大な迷路のようにみえるのは、二〇〇年以上にわたって利用されていた舟入場の、いくたびかの造り替えの蓄積の結果である。三つ確認できる舟の入口は、いずれも写真上方、汐留川に向かって延びている。

会津藩邸の舟入場では、水路の途中に水門が設けられていたことが調査の結果明らかとなった。東京湾の潮汐《ちょうせき》（海面の昇降）は、干満の差が最大二メートル程度となる。荒川区に汐入という地名があるが、かつて江戸湾の潮汐の影響がこのあたりまで及んだことからついた名前という。検出された水路の水門が、なぜ設けられたのかは不明だが、あるいは江戸湾の潮汐による水位変化に対応したものかもしれない。

宴会の食器

仙台藩芝口邸では長軸四・二×短軸一・九メートルの規模の地下室がみつかった。地下水対策のため周囲に板材が組まれていた。

この地下室には、多量の肥前製磁器が捨てられていた（図79）。こなごなになった破片を一点一点接合した結果、直径三〇センチを超す大皿が多数捨てられていたことが判明した（図80）。大皿は大名屋敷、それも御殿空間に特有の遺物の一つ。大名の接待、あるいは年中行事や人生儀礼など、パーティーが多い大名屋敷でこそ使い途のある食器である。

もっとも、この地下室が大皿の保管庫だったかというと、そうではない。何らかの理由で割れて

図 76　仙台藩上屋敷の上水取水口

藩邸内には玉川上水の水が引き込まれていた。写真は表門北側の取水口。(13)

図 77　邸内に張りめぐらされた水道管

汐留通り側から取り込まれた上水は、分岐を繰り返しながら藩邸内をくまなくめぐっていた。(13)

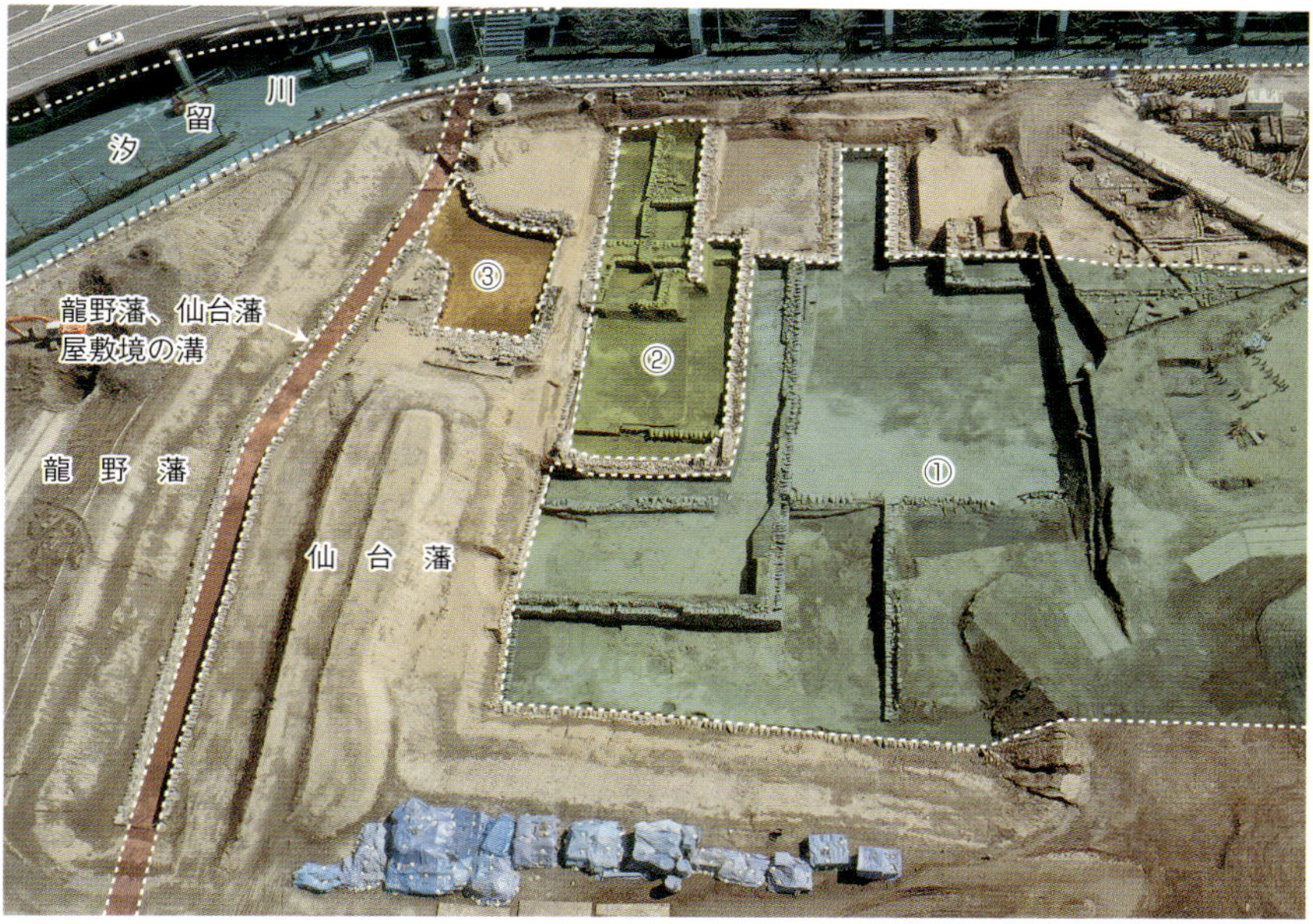

図 78　**仙台藩上屋敷の舟入場**

何度も造り替えられた結果、検出された石組は迷路のよう。
①→②→③の順で 3 段階に分けられる。(13)

図 79　**地下室に捨てられていた陶磁器**

揃いの皿や鉢、そして大皿（図 80）といった
磁器が集中する。17 世紀前葉のもの。(13)

しまった大皿を、この地下室を使用しなくなった際に捨てたものだろう。この場合、食器と地下室とは、ほぼ同じタイミングで不要となったと考えられる。通常は、火災がその原因となるのだが、遺物が火災を受けていないことから、報告書では地震による被災を廃棄要因としてあげている。

ところで、大皿が御殿空間の食生活を反映しているならば、御殿空間で使われた食器保管庫そのものを発掘することができれば、もっと具体的に当時の食のあり方がわかるのではないだろうか。そうしたことを考えるヒントとなる遺構が発掘された。汐留遺跡から少し離れて、その遺構がみつかった遺跡に向かうことにしよう。

宇和島藩伊達家の食器類

これから向かうのは、港区六本木の宇和島藩伊達家屋敷遺跡。オープンしたての国立新美術館や政策研究大学院大学が建つ場所だ。

宇和島藩伊達家は仙台藩伊達家の親戚筋。仙台藩の支藩ではなく、一〇万石の国主格（国持）の大名として扱われた。宇和島藩は明暦元年（一六五五）に、ここに屋敷地（中屋敷）を賜り、天和元年（一六八一）以降上屋敷として使っている。

この遺跡の発掘調査で、大名屋敷の食器庫とでもいえるような地下室が発見された（図81）。地下室から出土した食器の破片は六三六点。いずれも一九世紀初めのもので、接合の結果、どれもがほぼ完形に復元できた。図79でみたような、屋敷内の各所から壊れた食器を集めて捨てたのではなく、本来ここにあった食器である。

地下室には九段の階段が設けられていた。上から二番目の階段には直方体の切石が残っているから、この階段全体が石段だったと考えていいだろう。頻繁な出入りに対応したといえそうだ。そう考えると、この地下室はあまり使わない食器を収納した倉庫ではなく、配膳の度に開け閉めする食器戸棚のようなものだったと想像できる。

保管されていた食器には、どんなものがあるのだろうか。肥前製の丸碗・広東碗《かんとん》、瀬戸・美濃製の端反碗《はぞり》といった碗や、肥前製の小皿、大皿、鉢などがある（図82）。とくに大皿は一〇個体以上にのぼる。いまでこそ大皿は装飾品だが、大名屋敷ではあくまでも実用品なのである。

考古学の遺物研究では、それがどのような遺物といっしょに出土するのかといった点が重要である。これを「遺物組成《いぶつそせい》」という。この食器庫の調査が重要なのは、捨てるために集められたのではなく、使われていた場所・使われていた時間が明らかにいっしょの遺物組成だった点である。これによって御殿空間で使われていた食器類のあり方を、より具体的に知ることができるのである。

貴重な鍋島焼の出土

この遺跡では食器庫のほかにも、注目すべき食器の出土状況が認められる。六四点にものぼる鍋《なべ》島焼《しまやき》の出土がそれである（図83）。これらの鍋島焼は食器庫以外にも、破片も含めて、合計四遺構から出土した。

鍋島焼――いまでも高級磁器の代名詞的存在として知られている。そもそもは佐賀藩が幕府への献上、あるいは他の大名への贈答品として生産したものである。考古学では鍋島様式とよぶ。

図80 **破片から復元された大皿**

大皿は紋様構成が50種類あることから、多量に捨てられていたことがわかる。(13)

図81 **宇和島藩上屋敷の地下室**

階段付きの地下室(食器庫)。上から2段目に切石が残っている。(14)

図 82 宇和島藩上屋敷の地下室から出土した食器

19 世紀はじめの陶磁器・土器が 636 点出土した（大皿 10 個体以上）。(14)

図 83 宇和島藩上屋敷から出土した鍋島焼

64 点にものぼる鍋島焼が出土した。鍋島家と屋敷が近かったからか、姻戚関係からなのか。今後の研究課題である。(14)

一九世紀まで国内の磁器生産をほぼ独占した（それはマーケットをも独占したことになる）肥前窯を擁する佐賀藩が贈答品として気合いを入れて生産したものだけに、器体や絵付けなどすべてにわたって高品質だった。こうした、藩が生産を直接管理するような窯を藩窯《はんよう》という。

マーケットへの流通など念頭にない特別な製品だから、遺跡から出ることはあっても数は少ない。本章で取り上げた大名屋敷では、加賀藩本郷邸で四点、尾張藩市谷邸で二点にすぎない。汐留遺跡でも、会津藩邸では一二点である。しかし、仙台藩邸では六七点、龍野藩邸にいたっては一〇〇四点も出土している。

江戸の遺跡の調査事例が増大したことにより、どうやら大名屋敷の中に、鍋島焼を多く出土するところとそうでないところがあることがわかってきた。しかし、その理由はまだ明らかではない。たしかに鍋島家から三人の正室を迎えている宇和島藩伊達家は、他の大名家よりも結びつきが強い。けれども、婚姻関係だけでは、龍野藩邸に大量に出土する理由は謎のまま。藩主の好み（趣味性）は、藩窯という鍋島焼の性格上、前面にでてくる理由とは考えにくい。今後の課題である。

ところで、旗本屋敷が集まっていた番町で、お菊が夜な夜な井戸の中で数えた皿も鍋島焼だったと言われている。舞台となった場所も含めて異説もあるが、ここで重要なポイントは、数枚（お菊の場合、一枚足らずに九枚だったのだから一〇枚組）の揃い物だったという点である。揃い物という鍋島焼の性格も、遺跡ごとの出土量の差に多少の影響を与えているだろう。大皿同様、鍋島焼も単品で床の間に飾るようなものではなく、実用食器だったのである。

仙台藩下屋敷の味噌工場

二つの仙台坂

東京には「仙台坂」という地名が二つある。一つは港区の麻布十番から有栖川宮《ありすがわのみや》公園へと登る坂。もう一つは品川区にある鮫洲《さめず》の海晏寺《かいあんじ》と泊船寺《はくせんじ》の間の坂。先ほど触れたように、仙台藩は麻布と大井に下屋敷があった。二つの仙台坂は、いずれも仙台藩下屋敷沿いの坂道である。

ここで大名屋敷の種類について触れておきたい。大名屋敷は大きく二つに分けられる。幕府から拝領した拝領屋敷と私有地である。上屋敷・中屋敷・下屋敷といった屋敷は拝領屋敷である。これまで私たちがみてきた加賀藩の本郷邸や尾張藩の市谷邸、そして仙台藩の芝口邸はいずれも上屋敷。

上・中・下屋敷の役割は一般的に次のように言われている。上屋敷はおもに当主の居住地、いわば御殿空間にあてられた。一方、中屋敷は隠居や嫡子が居住する。そして下屋敷は郊外に与えられることが多いことから別荘、あるいは地震・火災時の避難場所とされていた。もちろん、本郷邸のような広大な上屋敷では、御殿空間内に隠居や嫡子の御殿も建てられるなど例外も多い。拝領屋敷には、そのほか蔵屋敷などもあった。なお、拝領屋敷といっても拝領するのは屋敷地だけで、屋敷の建設は大名自身の負担だった。もちろん、各屋敷には勤番長屋も建てられていた。

一方、抱屋敷、町屋敷などとよばれているのが大名の私有地（所定の年貢が課せられていた）。百姓地などを購入するなどしたものだが、拝領屋敷に地続きの土地などを取得する例も多いことから、抱屋敷とよばれるようになったのだろう。とはいえそのあり方はじつにさまざまでいまだに不明な点も多い。大名屋敷の種類を一通りみたところで、仙台藩の下屋敷を訪ねてみることにしよう。

高級品が出土した品川下屋敷

鮫洲の海晏寺は鎌倉時代創建の古い寺。鮫洲の由来にもなった、品川に打ち上げられた鮫の腹から出てきた観音像を祀っている。江戸時代には楓の名所としても知られていた。いまでは寺の北西側の坂道が仙台坂とよばれているが、海晏寺と泊船寺との間の坂が、下屋敷が面していた本来の仙台坂。この坂にあるトンネルを工事する際、ごく一部だが下屋敷が調査された。

調査では、ちょうど仙台坂に沿うように堀跡がみつかった。調査区内のみで全長五六メートル、深さ二メートルで、堀の幅は上が五メートル、下が二・五メートルの逆台形を呈していた。堀には掘り残されている部分があった。その部分が、この屋敷の絵図で描かれた冠木門の位置と合致しており、仙台坂から堀を渡る土橋に、冠木門が設けられていたことが確認された。

調査で出土した遺物の大半は、この堀から出土した。テンバコ（遺物を収納するのに用いる縦四〇、横五五センチ程度の箱）およそ六〇〇箱。年代は一七世紀後半～一九世紀と幅広い。とりわけ一七世紀後半と幕末頃の遺物に高級品、舶載品が目立つ。なかでも一七世紀後半の遺物にその傾向が顕著で、色絵の碗や、景徳鎮製や柿右衛門様式（肥前製）の皿がある。こうした遺物組成は御殿空間でみられるものである。どうして郊外の別荘または災害時の避難先だった下屋敷にみられるのか。そして、どうして高級品の出土がある時期のみに限られるのだろうか。

図 84　**品川の仙台藩下屋敷の味噌醸造施設（竈）**

綱宗没後の 18 世紀以降、味噌醸造が始められた。調査では、近代の味噌工場の一部も発掘された。（16）

伊達騒動

世に伊達《だて》騒動《そうどう》とよばれる御家騒動がある。幼少の四代藩主伊達綱村《つなむら》をめぐる家臣・一門の主導権争いである。歌舞伎『伽羅《めいぼく》先代萩《せんだいはぎ》』などの「伊達物」の題材だからお馴染みだろう。伊達物では藩を牛耳る悪役として描かれる原田甲斐《かい》だが、山本周五郎の『樅ノ木は残った』にある、身をていしてまで主家を守り通す姿はじつに印象深い。

伊達騒動のそもそもの原因は、たった二歳の子供を藩主に戴いたこと。そうせねばならなかった伊達藩の事情に、じつは品川の下屋敷は深くかかわっている。

幼少の藩主・伊達綱村の父を伊達綱宗《つなむね》という。万治元年（一六五八）、一八歳で父の跡を継いで藩主になった。しかし酒色に溺れるなどの不行跡がたたり、ついに二一歳のときに幕府から逼塞・隠居を命じられる。隠居を命じられた綱宗が移り住んだのが、この品川の下屋敷だった。

出土した遺物のうち、高級品・舶載品が集中する一七世紀後半は、綱宗が下屋敷に暮らした時期とちょうど重なるのである。ほかにこの屋敷からこれほどの品が出土する理由はみあたらず、まず綱宗の隠居と関連づけて間違いない。残念ながら御殿や地下室などの遺構はみられないが、みつかった建物の遺構は、いずれも堀と平行、または直交関係にあるので、藩邸内の建物配置が整然としたものであったことが想像できる。

隠居後の綱宗は書画や和歌といった芸術に親しみながら、七二歳で亡くなるまでの半世紀をこの地で過ごす。綱宗手製の茶杓《ちゃしゃく》がいくつか伝わっている。切っ先が豪快に反りあがったその作風と、「伊達物」に描かれる綱宗の人物像とはあまりにかけ離れているという印象をもった。五〇年にわたる隠居生活が人物を変えたといってしまえばそれまでだろうが、あまりにも若くしての逼塞・隠居の原因は、はたして綱宗一人に帰すものであったかどうか。綱宗は品川の下屋敷で、伊達騒動の顚末をどのようにみていたのだろうか。

藩邸内の味噌工場

品川の下屋敷を発掘したところ、五基の竈《かまど》が姿を現した。図84はそのうちの一つで、内径一・二メートルの竈が東西に並んでいる。竈の内部には焼土と灰がぎっしりと詰まっていた。台所部分だろうか。しかし台所ではない。じつは品川の下屋敷は、味噌で有名だった。

先ほど述べたように、仙台藩は常陸国龍ヶ崎にも知行地をもっていた。ここは大豆の一大生産地。それを原料に、藩邸内で味噌の醸造が行われていたのである。仙台味噌は、いまでも仙台の名産品。

仙台城には御塩味噌蔵とよばれる味噌蔵が設けられており、城内で味噌の醸造が行われていた。

原料の大豆は、江戸へ舟で運ばれた。その点も海に面する品川の下屋敷は都合がよかったのだろう。残念なことに、下屋敷でいつから、そしてどの程度の規模で味噌醸造が行われていたかについては明らかでない。おそらく当初は藩邸内の需要を賄う程度の規模だったのではないか。それがやがて、剰余分を江戸市民に頒布するようになったのだろう。安政期の絵図には下屋敷のことが「仙ダイミソヤシキ」（仙台味噌屋敷）と記されているくらいなので、生産規模・生産量ともにある程度のものだったことがうかがえる。

たしかに検出された竈はどれもなかなか立派なものである。下屋敷内の味噌工場は、明治時代になって伊達家の手から離れることになる。いまも遺跡近くにある仙台味噌醸造所は、味噌工場だった下屋敷の名残りである。

同じく海運の便のよかった芝口邸だが、こちらには味噌の醸造施設はみられない。御殿空間が中心となる上屋敷と下屋敷との明確な違いがここにある。

それにしても、下屋敷で生産活動が行われていたとはじつに驚かされる。どの藩でも江戸の藩邸にかかる経費は莫大だった。加賀藩本郷邸で触れたように、加賀藩では年間予算のじつに六〇パーセントを江戸藩邸の経費が占めていた。しかも江戸藩邸は支出するばかりで収入源がない。品川の下屋敷で生産された仙台味噌が藩の収入を大きく支えたわけではないだろうが、この発掘調査は、私たちの知らなかった大名屋敷での生産活動について教えてくれるものだったのである。

IV

大名庭園探訪

庭園に溢れる都市・江戸

政治的装置としての大名庭園

前章の冒頭で触れた、加賀藩主前田治脩《はるなが》の寛政一〇年（一七九八）の江戸での記録をもう一度みてみよう（95頁、表2）。八月二一日に尾張藩の市谷邸（上屋敷）を訪ねたのに続いて、一〇月一三日には、同じく尾張藩の戸山にある下屋敷を訪ねている。

大名がよその藩邸を訪ねる場合、宴会をはじめ、茶の湯や能といったさまざまなプログラムで歓待された。市谷邸訪問では、治脩が本郷邸を出たのが午前八時頃。帰ってきたのは夜の一〇時をまわっていたから、一日がかりの歓待だったことがうかがえる。事実、このときの記録には、「御饗応等有之」と記されている。もっともこれに続く一文は、お供にも食事や酒が二度にわたって振舞われたこと、そればかりか「夜に入御湯漬被下之候事」と、夜食まで振る舞われたとある。よほど嬉しかったのだろうが、藩主そっちのけの記録になってしまっていて、治脩に饗されたメニューは不明。さすが御三家筆頭の尾張藩、お供の家来たちへの心遣いも大層なものだったということか。大名の接待プログラムの一つに庭園散策がある。九月二八日に尾張藩主徳川宗睦《むねちか》が加賀藩本郷邸を訪れた際にも、加賀藩では宗睦を育徳園《いくとくえん》（図85）へ案内している。庭園は大名同士の交誼を深める重要な「政治的装置」だったのである。

だから大名屋敷には、庭園が不可欠だった。大名屋敷は江戸のじつに二五パーセントを占めていたのだから、庭園は敷地の一部だったとはいえ、かなりの面積になる。加えて旗本屋敷や寺社地にも庭園があった。江戸は庭園に溢れる都市だったのである。

究極の園芸趣味

政治的装置であるとはいえ、いやだからこそ、庭園は藩主のものだった。通常、藩士たちは庭園に立ち入ることを禁じられており、花や紅葉の盛りの時期など特別な場合のみ拝観が許された。いまでは学生が憩う傍らを、写生グループがイーゼルを並べる東京大学本郷キャンパスの三四郎池（夏目漱石の小説からこうよばれている。本来は心字池という）を思うとにわかには信じがたい。

庭園が藩主のものならば、この空間に自分の趣味を反映させるようになるのは至極当然のこと。大名庭園はまた、大名自らがプロデューサーとしてセンスを発揮できる場でもあったのである。そう、言ってみれば「究極の園芸趣味」である。

東京には意外と大名庭園が残っている。あるものは住宅地の一角に、場合によっては数個の庭石のみがぽつねんと、それが大名庭園の名残りであることを知られずに残っている。幸運にも破壊を

図 85　**東京大学本郷キャンパス内に残る育徳園**

大名庭園の中でも名園として知られていた。武蔵野台地の湧水を心字池（写真左手）として利用している。(15)

図 86　**牡蠣殻集中遺構**

庭園から多量の牡蠣殻が捨てられていた地下室がみつかった。(15)

図 87　**造られた切り通し**

人工の山径である。(15)

図 88 尾張藩下屋敷・戸山荘の所在地

江戸最大の庭園も、大政奉還後は将軍家の家臣たちの畑となり、やがて薩摩軍の駐屯地となった。

図 89 戸山荘の玉圓峰

戸山荘の面影は、この築山に残るのみ。別名箱根山。

まぬがれた名園たちも忘れてはならない。後楽園（水戸藩上屋敷）や六義園《りくぎえん》（大和郡山《やまとこおりやま》藩下屋敷）、浜離宮（将軍家別邸）や芝離宮（紀州藩下屋敷）などは、都立公園として公開されている。

政治的装置と究極の園芸趣味。この二つのキーワードをもとに、大名庭園のいくつかを訪ねてみよう。

一大アミューズメントパーク・戸山荘

江戸随一の名園

全国の大名が、江戸に庭園を設けているのである。考えてみれば、江戸が庭園に溢れた緑化都市になるのも至極当然なことだ。そして数多《あまた》ある庭園の中で、いつしか序列が定まっていくのも自然のなりゆきだろう。前田治脩が、秋も深まる一〇月に訪ねた尾張藩の下屋敷こそ、江戸随一と謳われた庭園があった場所。八月下旬に上屋敷を訪ねたばかりなのに、続けて下屋敷を訪ねたのは、木々の色づきが見事だったからではなかったか。その庭園を戸山荘《とやまそう》という。

戸山荘はおよそ四三万平方メートル。東京ドーム九つ分の、江戸最大の大名屋敷だった（図88）。園内は二つの大きな池泉《ちせん》と、それにはさまれるようにそびえる玉圓峰《ぎょくえんほう》という築山を中心に、四阿《あずまや》や竹林、そして田畑までもが広がる一大アミューズメントパークだった。残念なことにこの江戸随一の名園も、いまでは戸山公園に一部を残すのみである。戸山公園にある箱根山がそれだ（図89）。

戸山荘を楽しんだのは、前田治脩のような大名ばかりでない。一一代将軍家斉《いえなり》は戸山荘がことのほかお気に入りだった。治脩が戸山荘を訪れた寛政一〇年よりも少し前の、寛政五年（一七九三）と同九年（一七九七）には相次いで訪れている。いわゆるリピーターといったところか。

しかもそのどちらもが、高田への鷹狩りの途中に立ち寄ったもの。いかに戸山荘を気に入っていたかがわかる。どういうことかというと、御成（公式な訪問）ではないということだ。加賀藩本郷邸で触れたように、御成では書院での儀礼からスタートしなければならなかった（当然戸山荘にも、狩野派の絵師の手で装飾された書院が設けられていた）。行動に制約がついてまわる御成ではなく、戸山荘を心ゆくまで楽しみたい。鷹狩りの途中たまたま寄ったというのは、そういう意味である。

将軍お気に入りの庭園

家斉の訪問は、「鷹狩りの途中気がついたら戸山荘に足を踏み入れていた」という体裁をとる。いくら江戸の郊外でも、そんなことはまずありえない。キャストもゲストも、その世界の住人になりきること。これがいつの時代でもアミューズメントパークを楽しむ鉄則だ。

道を逸れて深山幽谷を進む家斉一行の行く手に、滝が立ちはだかる。龍門瀧《りゅうもんのたき》（鳴鳳渓《めいほうけい》）とよばれる大きな滝である（**図90左**）。流れに顔を出している岩づたいに渓谷を渡る。すると、みるみる水かさが増していき、ついには岩も没してしまった。まさに間一髪。

竹猗門《ちくきもん》という名の門をくぐり、竹林を進んでいく。やがて竹林を抜けると、宿場町へとたどり着く。こぢんまりとした店が軒を並べている。宿屋もあれば、酒屋や植木屋もある（**図90右**）。

（古沢楼）

図 90　**描かれた戸山荘（絵巻戸山荘図）**

水量調節の可能な人工の滝（左頁）や、実物大の町屋（右頁）など、戸山荘はアミューズメントパークだった（発掘された龍門瀧は徳川園〔名古屋市〕で復元されている）。

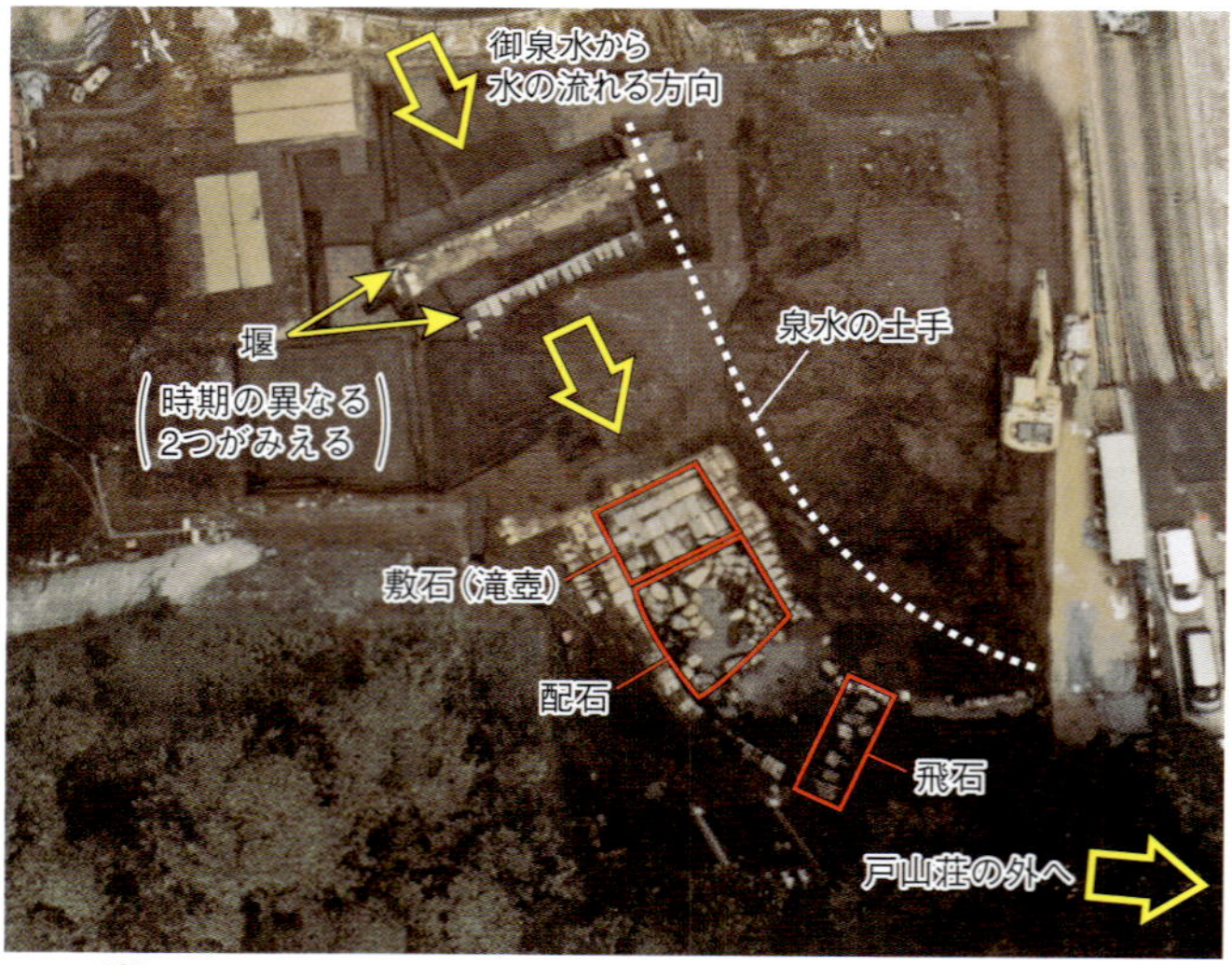

図 91　**姿を現した龍門瀧**

図 90 左で水煙をあげる龍門瀧が、早稲田大学構内で発掘された。(21)

（龍門瀧）

図92 龍門瀧の滝壺

滝の底には敷石が敷設され、滝壺をなしていた。敷石には水圧による凹みが認められる。（21）

図93 渓流の飛石

堰での調整によって水量が増減した。家斉が渡った後、水中に没した飛石はこのあたりだろう。（21）

家斉一行は宿屋に入り、食事をとることにした。一息ついた後で、商店で買い物に興じる。近くには稲荷や五重塔といった名所があるというので、そこまで足をのばして観光し、茶屋で宴会を楽しんだ。

もちろんこの宿場町は園内に再現されたもの。とはいえ、芝居の大道具のようなものではない。実物大の宿場町で、小田原宿を模した三七軒の町屋が軒を並べていた。宿や店先の商人はすべて藩邸の関係者、このアミューズメントパークのキャストたちだった。

以上は『尾張公別荘道図』にみる家斉の楽しむ様子。御成のプログラムの一つではなく、あくまで私的な庭園散策に、家斉は心底エンジョイできたことだろう。繰り返すが、家斉は鷹狩りの途中、本当に戸山荘へ迷い込んでしまったわけではない。迷い込まれることになっていた尾張藩では、事前に周到な準備を重ねて当日を迎えたことは言うまでもない。

前述の治脩もやはり、このヴァーチャル宿場で遊んでいる。しかもその約一週間前に、家斉がまたも遊びに来ていたので、園内の手入れが行き届き、キャストも手慣れたものだと喜んでいる（公方様御成も有之候故御手入出来、一入活手共之由也）。

現れた龍門瀧

家斉の戸山荘散策でクライマックスの一つとなったのが龍門瀧。一行が渡り終わった途端、間一髪、水かさが増すという大スペクタクルは、じつは演出されたものだった。早稲田大学の戸山キャンパス内で、この滝が発掘された。穴八幡宮《あなはちまん》で早稲田通りと二股に分かれた諏訪通りを進み、しばらく行って「箱根山通り」との交差点を左折した近辺である（図88参照）。

調査では、東西三〇メートル、南北三五メートルの範囲に三つの石組施設がみつかった（図91）。これが龍門瀧を演出する舞台装置。北側（図91上側）にある御泉水から流れた水は、二基（時期が異なる）の堰堤（図91中央）によっていったん堰き止められる。そして水流の調整がなされたうえで、図91右下の石組を流れ落ちる（これが滝本体である）。流れ落ちた水は右にカーブしながら藩邸の外へと流れ出る。絵図面をみると、御泉水の水は北東隅から藩邸外へと排出されている。滝はこの流路をうまく活かしている。絵図面が滝の実態をほぼ正しく伝えていたことがわかる。

滝の高さは一丈（約三メートル）。本来ならば図90に描かれているような起伏に富んだ地形だったのだろうが、ここは大学のグランドとして利用されていたこともあって削平されていた。しかし、調査風景をみれば（図92）、かつての渓谷の様子がありありと浮かんでくる。石の一つひとつの何と巨大なことだろうか。直方体に面取りされている石がある一方、ゴツゴツとした岩が点在している。

遺構中程で男性が石に手をかけている付近が滝壺。落下する水の作用だろうか、滝壺中央付近には凹みが認められる。滝壺に敷かれた石はいずれも、縦五〇～七〇、横七〇～八〇、奥行き一一〇～一四〇センチと巨大である。

多彩な産地の石による景観美

滝壺手前の自然石は、人工の滝に渓流の趣を添えている。石には秩父方面のチャートあり、瀬戸内の花崗岩ありと、自然の渓流ではまずありえない多様さをみせている。しかしその多様さが、渓谷にカラフルな印象を与えている。自然ではありえないといえば、渓流に置かれたこれらの石には刻印がみられる。それも、どうやら刻印がみえるように配されたものがあるという。ここを訪れただれもが、造園のために石をわざわざ取り寄せていることは知っている（取り寄せたのは奇岩ばかりでなく、銘木にも及んだ）。取り寄せたことを誇るかのようだ。むしろ多彩な産地の石による景観美をさりげなく示したほうがよかったと思うのは、うがった見方だろうか。

さて、流路は右にカーブしながら続き、カーブ付近からは飛石が検出された（図93）。家斉一行が渡ったのがここだろう。飛び石といっても、調査中の人物と比較してみてほしい。大きさはまちまちだが、長径で七〇～一〇〇、短径で五〇～八〇、厚みは三〇～八〇センチにもなる。

最後に種明かし。一行が渡り終えると水かさが増したのは、滝の上に設置された堰板の取り外しによるものだった。間一髪のタイミングまでもが演出しつくされた庭園だったのである。

山手の庭園

山手と海手の庭園

大名庭園に架けられた橋をみくらべてみよう。

図94は後楽園の円月橋。水面に月のように丸い姿を映し出す。水戸黄門でお馴染みの徳川光圀《みつくに》が

図 94 **後楽園の円月橋**

水戸藩上屋敷の庭園。武蔵野台地上にある山手の庭園。

図 95 **芝離宮の蘇堤**

紀州藩下屋敷の庭園。池には海水を取り入れていた海手の庭園。

招いた明の儒学者朱舜水《しゅしゅんすい》の設計とも言われている。真偽はともかく、当時にしては珍しい石のアーチ橋である。図95は芝離宮の蘇堤《そてい》。オリジナルは前漢の名臣蘇軾《そしょく》（蘇東坡《そとうば》）が西湖《せいこ》に造ったと伝わる堤で、西湖堤ともよばれている。西湖十景の一つで、その名声は遠く日本にも及んでいた。どちらも大名が中国的教養（漢学）をもち、中国の文物に憧れを抱いていたことを反映している。いってみれば大名のシノワズリー（中国風趣味）。しかしそれだけではない。二つの写真をみくらべて、ほかに何か気づかないだろうか。

そう、雰囲気だ。シノワズリーという点では共通するのに、写真が醸し出す庭園の趣はずいぶん異なっている。後楽園は樹木に囲まれて鬱蒼としているのに、芝離宮は松などの木々はあるものの、空が広く開放的。後楽園があるのは文京区小石川（現在は後楽）。武蔵野台地上のいわゆる山手。「地勢幽邃《ゆうすい》、喬木鬱密《きょうぼくうつみつ》」（『水戸紀年』）な土地である。一方、芝離宮は港区の、かつて海手とよばれた海辺に立地する。

山手と海手。政治的装置であり、大名のアミューズメントパークでもあった庭園のいくつかを、立地に着目しながらめぐってみることにしよう。

加賀藩本郷邸の育徳園

本郷を歩かれたことのある方なら、ここが無縁坂や菊坂など坂の多い町だということはご存じだろう。加賀藩本郷邸の育徳園は、武蔵野台地の東縁という地形を活かした典型的な山手の庭。いまでは三四郎池を中心としたごくわずかな部分が残されているにすぎないが、それでも山手の庭園の特徴をつかむことができる（図85参照）。

育徳園。『周易《しゅうえき》』からこの名を付けたのは五代藩主前田綱紀《つなのり》（ここにも大名の漢学の素養が表れている）だが、造園がなされた正確な時期はわからない。おそらく前章で触れた将軍家光・大御所秀忠の御成（寛永六年〔一六二九〕）をきっかけに整備されたものと思われる。

心字池は湧水である。池の周囲はU字状を呈しており、その中央部の湧水地点が窪んでいる地形を活かした、山手の庭である（明治時代まではU字の先端から小河川が流れており、安田講堂裏にその流路のなごりがみえる）。

心字池の東側の発掘調査で、庭園東側から池へと続く道も発掘されている。道は池へ向かって緩やかな曲線を描き、やがて池畔へと降りる階段へと続く。石垣で保護され、切石による階段もある園内のルートの中で、これは斜面を掘り込んだだけの簡単なものだった（幅八〇、奥行き二五、深さ一〇センチ）。

また庭園内からは、多量の牡蠣殻が捨てられていた地下室がみつかっている（図86）。前章で触れたように、御殿空間には生ゴミなど捨てなかった。大名庭園も御殿空間の一部であるから、ゴミ捨て場などあるはずはない。

牡蠣殻といっしょに、この遺構からは二〇〇〇本もの釘が出土している。牡蠣殻をよくみると、なかには漆喰が付着しているものもある。じつはこれは屋根に葺かれていた牡蠣殻なのである。牡蠣殻屋根。初めて耳にする方も多いだろうが、かつて江戸では瓦の替わりに牡蠣殻を屋根に葺いていた。とはいえ御殿空間に牡蠣殻屋根の建物があったのだろうか。その疑問を解く鍵が庭園だろう。

ここから先は多分に想像が含まれるが、掘り抜いただけの階段や牡蠣殻葺きの建物は、いずれも侘びた感じを醸し出す演出ではなかったか。時期は異なるが、**図87**はやはり育徳園内から検出された園路。山手の育徳園といっても、台地を切り通したわけではない。いったん盛土したうえで、わざわざ切り通した人工の山径なのである。

池へと続く掘り込んだだけの階段や山中の小径、そして牡蠣殻が葺かれた四阿。育徳園をめぐるゲストは、いつしか山里へと紛れ込んだ感覚にとらわれたはずに違いない。

既に触れたように、江戸時代の御成は、茶事に重点がおかれた「数寄の御成」にシフトしていた。茶事といえば、武野紹鷗《じょうおう》をはじめとした茶人たちの「市中の山居」を思い出す。堺の富裕商人でもあった彼らは、都市から山里へ向かうのではなく、都市の中に露地という山里を出現させた。これが茶庭のはじまりだが、育徳園にみられる山里の演出は、これに通じるものである。

尾張藩市谷邸の楽々園

尾張藩市谷邸では、東御殿と西御殿との間に庭園が設けられていた。それを楽々園《らくらくえん》（**107頁、図60参照**）という。楽々園は尾張藩が敷地の西側（現在の機動隊周辺）を拝領した、明和四年（一七六七）以降本格的に整備された。中央の池泉をめぐる、池泉を景観の中心的要素として取り入れた「池泉回遊式庭園《ちせんかいゆうしきていえん》」とよばれる庭園である。

図96は池の西側。池畔から汀へなだらかに下ってくる様子がみえる。ちょうど舌の先のように池畔に張り出している。もっともこれは自然の地形ではなくて、地山（関東ローム層）を岬状に整形

図 96　楽々園の池畔（岬）

楽々園は池泉を中心に四十八景が設けられた池泉回遊式庭園。
ところどころの穴は植栽痕。(17)

図 97　楽々園の池畔（岸壁）

数回造り直された岸壁がいっしょに写っている。
手前にみえるスロープと石段は、岸壁に設けら
れていた船着き場の階段。(17)

した。ところどころの穴は植栽痕（木の植わっていた跡）で、岬には松などの木々が植えられ、枝が水面を覆っていたことだろう。

一方、図97は池の東側。西側が自然の景観を模していたのに対して、こちらには石垣による岸壁が造られていた（写真は数回造り直された岸壁がいっしょに出土している）。手前にみえるスロープと石段は、岸壁に設けられていた雁木《がんぎ》（船着き場の階段）。池を眺めるだけでなく、舟で漕ぎ出しもした。絵図に描かれた「御舟小屋」の跡も調査されている。

いま、私たちが大名庭園を散策する場合、柵やロープで設定されたコースを進む。しかし、大名庭園の楽しみ方はもっと多様だった。木々が茂る池沿いのコースから眺めるのは私たちの視点。これを岸壁から漕ぎ出した舟からみれば、眺望はまた別のものとなる。大名の楽しみ方には、これが加わっていた。

海手の庭園

仙台藩芝口邸の庭園

一方、汐留にある仙台藩芝口邸の庭園は、海手の庭園だ。

庭園は藩邸の東南隅、海に隣接して設けられていた。表御殿の庭園に加え、その北側には奥御殿の庭園（表御殿よりは小規模）があった（図98）。どちらも池を備えた、池泉回遊式庭園である。

山手の育徳園とくらべて対照的なのは池の水が湧き水でなかったこと。飲み水として邸内に引き込んだ玉川上水の水が、庭園の池を潤す給水元にもなっていた（池から海へと排水するための吐水施設もみつかっている）。

図98の表御殿の庭園には、新旧二つの時期の池泉が写っている。どちらの時期も、池の周囲は石によって護岸されていたようだ。ここでは護岸の残りが良好で、池の形態がよくわかる新しい段階の池泉をみてみることにしよう。

池は舟入場を壊した跡地に造られていた（図78に写っている場所よりも右側）。詳しいことは不明だが、一八世紀中頃には庭園になったようである。池の規模はおよそ南北三五、東西六七メートルの不整形（中程の十数メートルの突出部をはじめ、これよりもさらに大きい部分もある）。

池には中島が築かれていた（図98）。池の内側にある礫の護岸がみえるだろうか。これが中島で、ここと岸とは橋によって結ばれていたらしい。調査では幅一・五メートルの橋脚が出土した。池は北西側が緩やかな湾になっており、この中島を過ぎるあたりから傾斜がきつくなる。そして南東の護岸でかけあがる。

池の西側で、石組溝が接続しているのがご覧になれるだろうか。幅一・三メートルのこの溝こそ、玉川上水の水を池泉へ引き入れる導水路である。左右に緩やかなカーブを描いているのは庭園の雰囲気を考えてのことだろう（図99）。下水溝のような、直線的な石組溝とはさすがに違う。この石組溝の上流側には段差をもつ遺構が検出された（図99手前）。

積み上げられた石の比高差は約一メートル。底には玉砂利と瓦片が敷かれていた。小規模だが人

図 98　仙台藩芝口邸の庭園

写真左が表御殿、右が奥御殿の庭園。池泉の水は写真上から引き込んだ玉川上水を給水した。(13)

図 99　表御殿の池泉への給水施設

玉川上水は、手前の滝から導水路を通り、奥の池泉へと流れ込んでいた。(13)

図 100 **浜離宮の汐入の池**

中央にある中島の御茶屋から、潮汐による景観変化を楽しんだ。写真奥は汐留シオサイト。

図 101 **浜離宮の引堀**

池畔に幾筋もある細い堀に鴨を引き込み、土手陰から網ですくい獲った。

図 102 **浜離宮の水門**

江戸には汐入庭園は他にもあったが、現存し、いまだに海水を引き入れているのは浜離宮のみ。

工の滝である。石組の流路はそこで止まっており、そこから西側——すなわち水を引き入れた汐留通り側——へは木樋が埋設されていた。ということは、水はここまでは地下を通って藩邸内に給水され、この石組から溢れ出て池泉へと給水されていたことになる。

突然石の間から溢れた水が、そのまま滝になって池へと流れていく様は、ただ池に水を引き入れるよりも、格段のインパクトを与えたに違いない。滝―屈曲した水路―池畔―中島というように、ゲストの視線にアクセントを与えている。

汐入の庭園

海手の庭園の中には、湧き水を利用したものでもなければ、上水を引き入れたものでもない、第三の池がある。池のすぐそばにある、海の水を引き入れたものだ。

東京湾の干満の差は約二メートル。前章でみたように、これが舟入場に水門が設けられた理由の一つであった。海の水を引き入れた第三の池では、どうしてもこの影響をまぬがれない。というよりも、潮汐《ちょうせき》によって変化する池泉の景観を積極的に楽しんだ。これを汐《しお》(潮)入《いり》の池という。

これは海に面した都市である江戸だからこそ成立した庭園といえる。残念なことに、東京でいまでも残っている汐入庭園は浜離宮と芝離宮の二つになってしまったが、どちらも都立公園として公開されている。とくに浜離宮は、現在も海水を取り入れている貴重な庭園。数カ所で行われている発掘調査の成果は今後明らかになってくるだろう。大名庭園めぐりにはぜひとも訪ねたい庭園である(**図100**)。

浜離宮は承応三年(一六五四)、甲府藩主松平綱重《つなしげ》が建てた浜屋敷にはじまる。綱重の長男家宣《いえのぶ》が六代将軍となって以降は、将軍家の御殿(浜御殿)となった。庭園の入口が大手門とよばれ、枡形になっているのはそのためである(122頁、図72参照)。

園内をぐるりと見渡して、まず目に付くのは汐入の池。現在の中島の御茶屋は復元されたものだが、かつてゲストたちは、ここから潮汐によって変化する池泉の景観を眺めていた。変化に富むのは景観だけでなく、そこにいる魚もまた変化に富んでいた。池泉には釣台(釣り用のスポット)が用意されており、ゲストたちは魚釣りも楽しんだという(いまでも池にはハゼやボラなどの海水魚がいるという。ただし念のために申し添えておくと、釣りは禁止。図102)。

「鴨場《かもば》」とよばれる二つの池もまた、大きな面積を占めている。魚釣りばかりか、浜御殿では鴨猟も楽しめたのである。別に鉄砲で撃っていたわけではない。池の周囲に細い堀が幾筋かあるのにお気づきだろうか(図101)。これを引堀《ひきぼり》という。この引堀に囮《おとり》の鴨を使って鴨を誘き寄せ、網ですくいとった(人は左右の土手に隠れていた)。引堀が何筋かあるのには理由がある。警戒心が強い鴨は、仲間が捕まった引堀には誘き寄せられなかったからだ(隣の引堀には誘き寄せられたのだから、果たして警戒心が強いかどうか)。

中島の御茶屋のように、茶事が行える施設はあった。しかし釣りや鴨猟など、アウトドアレジャーの要素が非常に高いことにお気づきだろう。庭園すぐ横の、現在よりも十分きれいだった海では、古式泳法の演武が行われ、将軍家宣はそれを上覧してもいる。

一方、紀州藩の下屋敷だった芝離宮では、モノレール浜松町駅から東京ガス本社へ続くペデストリアンデッキの部分が発掘されている。ただしここは庭園の南西隅と南端中央部分にあたっているので、下屋敷の詰人空間に暮らした藩士たちの日常食器が出土しており、庭園そのものの遺構や遺物はみられなかった。

大名庭園のフロールとフォーヌ

考古学に難問の「景観」

発掘事例を織り混ぜながら、いくつかの大名庭園をめぐってみた。たとえば戸山荘の龍門瀧。記録から、大スペクタクルだった様子は知られていたが、発掘によって滝の実態や人工的な水流調節の仕組みが明らかになった。このように大名庭園の発掘では、当時のゲストたちには隠されていた舞台裏までもがわかった。けれども、考古学では解明しづらい部分もある。「景観」がそれである。

東大本郷キャンパスの三四郎池周辺を案内していると、ここにはどういった植物が植わっていたかという質問を受けることがある。

三四郎池周辺は育徳園の姿をよくとどめており、カラカサ亭の一部も残っている。いまはないが栄螺山《さざえ》という築山からは、江戸湾が一望できたことも知識としては知っている（91頁、図49参照）。しかし、池畔をおおっている樹木はどうだろう。よくみると、大学になってから植えられた植物も混じっているようだ。

図 103 **水が溜まった仙台藩芝口邸表御殿の庭園跡**

表御殿の池。地下に埋もれていた池だが、雨が降れば滞水する。(13)

図 104 **仙台藩芝口邸の中庭**

写真右側の丸い穴は口縁部まで埋められた甕。(13)

図 105 **甕に埋もれていたイシガメ**

甕の中に、２匹のイシガメが埋もれていた。池で飼われていたペットだろう。(13)

ある場所にどういった種類の植物か植わっていたか。これをフロール（flore：植物相）という。いまに残る大名庭園のフロールが、大名たちがその庭を楽しんだときのままではないということを知っていたほうがいい。

「庭園」と「庭苑」

「庭園」と「庭苑」――「ていえん」には二つの漢字が使われるが、どちらを使うのが本当だろうか。どちらを使っても間違いではないが、一般的には常用漢字として公布されている園を用いた「庭園」がよいだろう。本書でもそうしている。

ただし『字通』を調べてみると、園には「果を樹うる」という意味があるのに対して、苑には「禽獣を養う」という意味がある。つまり、厳密には植物主体なら「庭園」、動物主体なら「庭苑」ということになる（東京オリンピックの馬術競技場は馬事公苑）。大名庭園の景観を考えるにあたっては、この「苑」の部分、つまりどういった動物がいたかといったフォーヌ（faune：動物相）もまた、復元するのが難しい問題として立ちはだかっている。

大名庭園には武家として飼われるのが当然の馬とは別に、さまざまな動物が飼われていたようだ。たとえば、文政一〇年（一八二七）一一月二一日、水戸藩から前田治脩に蜜蜂二箱が贈られている（**95頁、表2参照**）。どうやら殿中（江戸城）で、水戸藩主徳川治保《はるもり》から直接貰う約束をしていたようで、さっそく加賀藩では、育徳園に「飼所」を設けて飼育にのぞむ。担当は御露地奉行だ。蜜蜂を届けに来た水戸藩蜜方御役人に飼育方法に関するアドヴァイスを受け、育徳園内に設けた「飼所」のチェックもしてもらっている。きっと上手に「箱之中に屁出《へだし》するを溜」めることができたに違いない。

遡ること六三年前の明和元年（一七六四）、九代藩主前田重教《しげみち》は酒井左衛門尉《さえもんのじょう》（庄内藩主酒井忠寄《ただより》と思われる）に所望して、孔雀を貰って本郷邸で飼育している。もっともこれはあまりうまくいかなかったようだ。毒虫を食べることから孔雀明王という信仰も生じた孔雀だが、エサは螻蛄《けら》がよいという。そこで藩士に藩邸内を掘らせてみたものの、オケラはちっともみつからない。仕方がないから鳥屋で買ったが、その費用がじつに三両。あまりにも経費がかかるので、国元に送ってしまおうかということになったようだが、果たしてどうなったのだろうか。それにしても藩主の命令でオケラを探して本郷邸中を掘り返す藩士たち。想像するにつけても何ともほほえましい。

極端な例だが、浜御殿にはゾウまでいた。吉宗が所望したゾウで、『江戸名所図絵』の宝仙寺には、長崎からの途上、京都で天覧に供されるため従四位が与えられたとある。宝仙寺は象が葬られた寺。しかし岩下哲典によれば、位階の件は『江戸名所図絵』のフィクションだという。とはいえ「苑内」のフォーヌについても、考古学からはなかなかわからないのが現状である。

図104は仙台藩芝口邸の表御殿の池。**図98**の庭とは異なり、こちらは表御殿の中庭である。池の右側の張り出した部分に、丸い穴が写っているのがおわかりだろうか。口縁部まで埋められた甕である。この中から二匹のイシガメが現れた（**図105**）。

報告書の所見によれば、甕の中のカメは高波などが原因で池とともに瞬時に埋まったという。状況から考えれば、イシガメは池で飼われていたとみてよいだろう。淡水に生息するイシガメが飼われていたということは、この池が汐入（海水）ではなく、上水によって給水されたものだったことも示している。

また、品川の下屋敷では、埋葬された西洋犬がみつかっている。ここに隠居していた綱宗のペットだろう。西洋犬の発掘例は加賀藩本郷邸にもあり、「江戸図屛風」（歴博本）に描かれたグレーハウンド犬とあわせ、大名が西洋犬を飼っていたことは少なくなかったようである。

天然記念物の大名庭園

動・植物はもちろん、庭園の様式そのものが大きく変わってしまったケースもある。たとえば新宿御苑。高遠藩の中屋敷で、玉川上水から引き込んだ玉藻池《たまもいけ》を中心とした庭園が広がっていた。ところが明治時代になって宮内省の植物苑が置かれると、庭園の一部はベルサイユ宮殿の庭（ベルサイユ庭園）に範をとったフランス式庭園に改変された。

そうした大名庭園の景観をめぐる現状にあって、例外的な場所が一つある。白金にある高松藩の下屋敷である。いまの東京都庭園美術館と国立科学博物館附属自然教育園がそれだ。アール・デコ様式の旧朝香宮邸を訪れた方も多いだろう。

下屋敷内の庭園の具体的な姿についてはよくわからない。しかし、そこにあった薬草園を平賀源内が訪れている記録があることから、邸内には薬草園を附設する庭園があったことは事実だろう。

ついでに言うと、高松藩は国元の栗林荘《りつりんそう》（現・栗林公園）が名園として誉れ高い。この栗林荘には、かつて薬草園が開設されていた。五代藩主松平頼恭《よりたか》の頃である。高松藩士だった源内はその開

図 106　**旧高松藩下屋敷庭園**（現・自然教育園）
当時の面影を色濃く残し、天然記念物に指定されている。
後述のソメイヨシノもあり、植生の難しさを実感。

設と運営に携わっている。下屋敷の薬草園を源内が訪れているのも、そうした経緯が関係していよう。

この高松藩邸は明治時代になって海・陸軍の弾薬庫を経て、朝香宮邸となった。これが幸いした。軍事施設や皇室御料地という、一般人の立ち入りが制限された土地のため、藩邸の庭園は大きく人の手が入らずに残された。とくに宮家の邸宅のあった庭園美術館側よりも自然教育園のほうが、当時の面影を色濃く残しているといわれている（**図106**）。そのため、ここは史跡であるとともに、天然記念物としても指定されている。

これは江戸の遺跡・史跡の中でも唯一の例であり、後に大学や公園となった、他の大名庭園と大きく異なる点である。

庭園、そして江戸の桜

「敷島の大和心を人問わば　朝日に匂う山桜かな」

本居宣長の歌をひくまでもなく、桜は日本人の愛してやまない花。満開の桜が白く染め上げた春の大名庭園を歩いていると、桜が満開のいま、この瞬間に、庭園の景観はその頂点を迎えるようにプロデュースされたのではないかとさえ思えてくる。

しかし、本居宣長のこの歌には、江戸を歩く私たちにとって重要なキーワードが含まれている。「山桜」がそれ。本居宣長のいう大和心はヤマザクラ（吉野桜）なのである。

「Prunus yedoensis」――江戸の桜。これは現在の日本で最も多く、かつまた最もよく知られた桜・ソメイヨシノの学名である。東京大学には学名を登録した際に指定された、植物学者・松村任三によるタイプ標本が保存されている。

ソメイヨシノ（染井吉野）という名のとおり、この品種は一八世紀前半頃に、江戸の植木街・染井でつくりだされたと伝わる園芸品種。明治の初期には東京でもまだ珍しかったという。つまり江戸では、いや江戸時代までの日本では、本居が詠むようなヤマザクラやエドヒガン、オオシマザクラなど、ソメイヨシノ以外の桜が咲いていたことになる。

それは大名庭園の桜についても例外ではない。ソメイヨシノが園内を白く染め上げる今日の大名庭園とは、春の景観はかなり異なっていたのである。

桜前線が話題にのぼる頃、六本木ヒルズの毛利庭園からは、隣接するテレビ局が連日のように桜の様子を中継する。ここは長門府中《ながとふちゅう》藩毛利家の上屋敷跡。日清・日露両戦争で陸軍の指揮を執った乃木希典《のぎまれすけ》はここで生まれた。六本木ヒルズがオープンする前までここにあったニッカ池（戦後の一時期ウヰスキー工場がここにあった）は、府中藩邸の庭園の名残り。

いまの毛利庭園は、このニッカ池を埋土保存した上に造られた新しい公園で、本来の大名庭園とは別のもの。このある意味一番新しい「大名庭園」には、春になるとソメイヨシノが咲き誇り、池にはスペースシャトルで誕生した「宇宙メダカ」の子孫が元気に泳ぎ回る（一般河川には放流できない）。

現代の「大名庭園」は、フロール、フォーヌともに未来的である。

大名のホビー・陶芸

和風の庭・六義園

元禄八年（一六九五）四月二二日、加賀藩本郷邸は普請奉行からの通知に慌ただしさを増していた。通知の内容は、駒込の中屋敷に隣接して加賀藩が借りている土地（ここも合わせて中屋敷としていた）を、別の大名に拝領するので準備せよというもの。つまり立ち退き命令である。期限は翌二三日。用人、西尾忠三郎らを抗議に出向かせているが、結局は替地を要求することで泣き寝入りだった。何とか諸々の家財道具は運び出したものの、建物は小屋一つを壊したほかはすべてそのままの状態で立ち退きを完了した。

新たな土地の拝領者は五代将軍綱吉の側用人、柳沢吉保《よしやす》である。元禄八年と言えば、生類憐みの令によって保護された犬たちのために、一六万坪もの犬小屋が中野に造られた年。まさに綱吉・吉保の政治の絶頂期で、普請奉行の背後に柳沢吉保がいたことは間違いない。まさに無体というほか

図 107 **六義園・藤代峠からの景観**

六義園の八十八境は和歌の世界を表し、その名称も和歌にちなんでいた。池の奥が出汐湊。

はないが、さすがの加賀藩もそれでは泣き寝入りするほかなかったのだろう。付け加えるなら、四万坪の土地の替地として前田家に与えられたのは、六二〇〇坪の土地だった。

柳沢吉保がこのいわくつきの屋敷地に造ったのが、六義園である。

図107は、築山からの園内の眺望。ここは藤代峠《ふじしろ》と名付けられている。藤代峠とはそもそも熊野古道の峠で、その道の険しさを、後鳥羽上皇のお供をした藤原定家（新古今集の撰者の一人）も『熊野行幸記』に記した場所である。

このように、吉保は庭園内に見所スポットを八八カ所選び出し、そのどれもに和歌に関係する名称を付した。六義園の完成は元禄一五年（一七〇二）だが、それはこの八八カ所に名付けが完了したことをもってのことだった。六義園という庭園の名前からが、和歌の六型式に由来する。つまり六義園は吉保がプロデュースした、和歌の境地を具現化した世界である。東京ドーム三つ分の敷地の中に、自分の世界を具現化する。まさに究極の園芸趣味だろう。

しかし、せっかく全霊を打ち込んでプロデュースしても、ゲストがその意図を汲んでくれなかったら意味がない。自らがプロデュースした庭園の意図を、ゲストに理解させることに腐心したのはヴェルサイユ庭園をプロデュースしたルイ一四世だった。ちょうど江戸で六義園が完成したのと同じ頃、太陽王は自ら筆を執った。「ヴェルサイユ庭園提示法」というタイトル（直訳）とは裏腹に、むしろ庭園の周り方から視線の動かし方に至るまで、ゲストの行動をこと細かに指示するガイドブックだった。

六義園のような和歌の境地が盛り込まれた庭園はどうだったのか。

大丈夫だった、であろう。大名庭園を訪れる将軍や大名といったおもなゲストたちには、吉保が意図した和歌の世界を理解する素地があった。藤代峠に登れば定家と熊野古道を想い、出汐湊《でしおみなと》に立てば、万葉集から幾多の歌人に詠まれた和歌の浦を思い浮かべたことだろう（和歌の浦に月の出汐のさすままに　夜鳴く鶴《たつ》の声ぞ寂しき・新古今集）。

さて、庭園で行われた大名のホビーはガーデニングに限られたものではない。そのうち発掘調査で様子がよくわかるものといえば、何といっても陶芸だろう。いまでも陶芸は趣味として根強い人気があり、ホビーショップには轆轤《ろくろ》や電気窯、それに各地の陶土や釉薬《うわぐすり》までもが並んでいる。

大名のホビーとしての陶芸は、焼き物好きが昂じて作陶に励むこともあったが、茶の湯との繋がりが強いのが特徴だった。自分が焼いた道具を茶席に用いることは、とりもなおさず自分自身の美意識をもって、茶席をプロデュースすることだからである。

尾張藩邸の楽々園焼

尾張藩の江戸藩邸では、他の大名屋敷よりも瀬戸・美濃製品が多く使われていた。それは国元に国内最大級の窯業地を抱えた尾張藩の特色だが、そうしたこともあって尾張藩には御庭焼《おにわやき》が多い。御庭焼とは、大名が居城や藩邸内で自身の趣味に合わせてプロデュースした焼物のこと。藩主自身が手すさびに作ることもあっただろうが、あくまでも藩主はプロデューサーである（ここがわれわれの趣味としての陶芸と大きく異なる点である）。

名古屋城御深井丸《おふけまる》にあった御庭焼は、御深井焼《おふけやき》とよばれている。これは藩祖義直《よしなお》が産業保護のため瀬戸の陶工を招いて始めたもの。その後、御深井焼はいったん中断され、一〇代斉朝《なりとも》の代に再興される。

このとき、御深井焼は肥前が独占していた磁器生産に取り組んだ。これが明治から今日に至るまで、瀬戸・美濃製の磁器が市場を席巻した礎となった。そうした意味で、御深井焼は御庭焼でありながらも、大名のホビーというよりは、殖産的あるいは産業試験場的性格が多分にあった。

そんな尾張藩では、江戸の藩邸にも御庭焼があった。それも上屋敷、下屋敷ともに。

下屋敷（戸山荘）の御庭焼を戸山焼という。戸山荘の造園を手がけた二代光友《みつとも》が開いたと伝えられるが、不明な点も多い。龍門瀧の発掘調査で、水路などから窯道具が数点出土してはいるものの、考古学的な実態の解明は今後の課題である。

一方、上屋敷（市谷邸）の御庭焼は楽々園焼とよばれている。やはり藩邸内の庭園の名に由来する。一二代斉荘《なりたか》が瀬戸の陶工を招いて焼かせたもので、天保一一年（一八四〇）頃から始めたらしい。ちなみに陶土もまた、瀬戸から取り寄せたもの。瀬戸の土が作陶に適していたのだろうが、わざわざ江戸へ土を運ばせたことには驚かされる。斉荘は再興した御深井焼の発展にも努めている。**図108**が、市谷邸楽々園の発掘調査で出土した茶碗。瑠璃釉《るりゆう》といわれる、深いブルーが印象的な天目茶碗である。

楽々園焼は茶碗や茶入といった、茶道具（茶陶）を焼いていた。これは楽々園のプロデューサーである斉荘によるところが大きい。古くは古田織部や織田有楽《うらく》といった大名茶人を輩出した土地柄だけに、名古屋はいまでも茶の湯が盛んである。斉荘も例外でないばかりか、知止斎と号した茶の湯好きの藩主としてよく知られている。裏千家一一代玄々斎《げんげんさい》（三河の奥殿《おくどの》藩松平家出身）が出仕し、尾張藩家老の渡辺規綱《のりつな》（玄々斎の実兄）らと茶の湯に打ち込んだ。楽々園焼もその延長上にある。大名のホビーである陶芸が、もう一つのホビーである茶の湯と強く結びついていたことがよくわかる。

もっとも茶の湯がたんなるホビーかと言えば、そうではない。茶の湯は能とともに、大名の交際には欠かせない必須の素養だったということは、大名屋敷の探訪を通じてみてきたとおり。

底部をみよう（**図108**）。右端の巻物をかたどった刻印には「楽二園」とある。発掘調査では、他に「楽々園」や「楽々園製」といった刻印が捺された製品や未製品が窯道具（**図109**）とともに出土している。窯そのものは発掘調査でみつかっていないものの、少なくとも楽々園のどこかで楽々園焼が制作されていたことがわかる。中央の墨書は花押で「吉田」とある。この茶碗の持ち主だろうか。

図 108　楽々園焼の天目茶碗

楽々園焼は、おもに茶道具が作られた。瑠璃釉といわれる深いブルーが特徴。「楽二園」の刻印が捺されている（左）。（17）

図 109　市谷邸出土の窯道具

色絵磁器を焼成する錦窯（左・外窯、右・内窯）。この出土は、色絵磁器も作っていたことを意味している。（17）

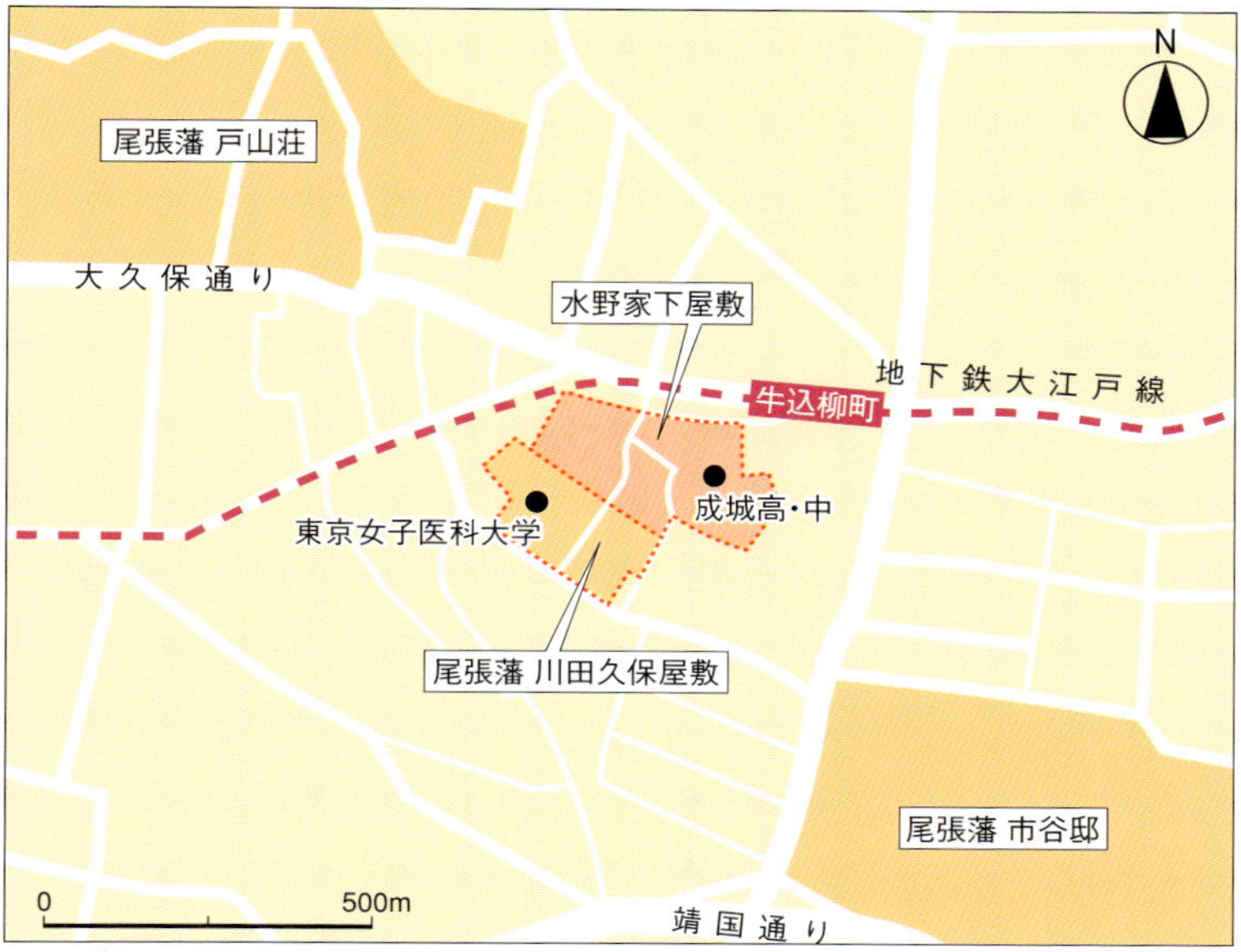

図 110 **水野家下屋敷の所在地**

地下鉄大江戸線牛込柳町の西口一帯は、江戸時代の牛込原町の町割りをとどめている場所である。

図 111 **三楽園焼の出土した土坑**

完成品のほか素地や失敗品、それに多数の窯道具が出土した。(18)

御深井焼のような多分に殖産的性格を有したものもあったにせよ、御庭焼は基本的に大名のホビーだった。大量に生産され、それが市場に流通するといったことはありえない。では、すべて楽々園のある市谷邸で使われたかというと、そうでもない。名古屋周辺にある伝世品（出土品に対して、今日まで所有されてきたもの）は、藩士に下賜されたというルートをうかがわせる。江戸遺跡の調査でも、市谷邸以外から少数ながら楽々園焼は出土している。

たとえば牛込原町の尾張藩抱屋敷（川田久保屋敷・**図110**）。抱屋敷だけに、藩主が使ったというよりは、やはりここに暮らした藩士に下賜されたものだろう。

尾張藩邸ばかりでなく、旗本屋敷でも出土例がある。南山伏町遺跡で、ここは一五〇俵の御右筆だった榊原市之丞の屋敷。旗本とその屋敷については次巻で触れるが、大身旗本とは言い難い榊原家に、どのようなルートで尾張藩の御庭焼・楽々園焼がもたらされたかは不明というほかはない。他に「乾山《けんざん》」と銘が捺された角皿も出土している（同遺跡の別遺構）。乾山様式のこの角皿は、文様が一二カ月分あるシリーズ物の一つ。所持していた唯一のものかもしれないし、全シリーズ揃いで持っていたかもしれない。榊原市之丞はいかなる人物だったのだろうか。

仙台藩の味噌工場で指摘したように、江戸の大名屋敷内で生産活動が行われていたということ自体が、江戸の遺跡研究の進展によって明らかになった成果である。御庭焼は焼物生産というにはまことに小さな規模ながら、大名の暮らしぶりを知る大きな手がかりである。今後研究を進めていく中で、その生産の実態だけでなく、どのように他の屋敷にもたらされたかといった流通についても解明されていくことだろう。

三楽園焼と大名への夢

付家老水野家の下屋敷

さて、楽々園焼が出土した尾張藩川田久保屋敷の隣には、紀州藩の付家老《つけがろう》水野家の下屋敷があった（図110）。地下鉄大江戸線牛込柳町の西口一帯は、江戸時代の牛込原町の町割りをとどめている場所である。

下屋敷はその一角で、御殿空間は現在の成城中学校周辺。調査されたのはその反対側、東京女子医科大学総合外来センターである。

付家老とは、親藩へ幕府から遣わされた家老で、藩政の監督・補佐にあたった。紀州藩には水野家（三万五〇〇〇石）のほかに、安藤家（三万八〇〇〇石）がいた。ともに石高は優に大名クラスだが、大名ではない。大名は将軍の直参《じきさん》だが、付家老は陪臣《ばいしん》、つまり臣下の臣だった。このことが、これから触れる御庭焼にも影を落とす。

調査区は藩邸の南西隅にあたり、先ほども述べたように屋敷の裏。一八世紀の生活面にようやく石組溝がみられる程度の、あまり利用されていない一画だった。

しかし一九世紀段階になると状況は一変する。建物の礎石列や柱穴列が多数みつかり、土地利用がそれまでよりも活発になったことがうかがえる。そのうちの一つ、五二九号遺構（土坑）をみてみよう（図111）。

三楽園焼

土坑は五×一・八メートルと細長く、そのわりには深さ四六センチとそれほど深くない。ここから磁器三八〇点・陶器六六〇点など、合わせて約三二〇〇点の遺物が出土したのだから、かなりの密度と言える。中央部には焼土が認められるが、遺物に焼けた痕跡はみられない。火災の瓦礫を片付けた土坑ではないようだ。何より目をひくのは、三八〇点の磁器の中に、素地《そじ》や失敗品、そして多くの窯道具が含まれていることである（**図112・113**）。

磁器は完成までに二、三度焼成される。そのうち陶石を砕いた土を轆轤などで成形し、最初に焼いたものを素地という。まだ無地の段階で、染付の絵柄はこれに呉須《ごす》で描いて焼くことで現れる（下絵付）。鮮やかな色絵はそれに上絵付を行い、さらに焼いたもの（この工程で用いられるのが錦《きん》窯《がま》・**図109**）である。

つまり遺跡から素地や失敗品が出土するということは、ここで磁器が作られていたことを意味している。加えて、磁器を焼く窯の棚板やその台であるトチンなどの窯道具（**図113**）、色絵を焼く錦窯も出土しているので、遺跡が磁器生産の場であったことは間違いない。

五二九号遺構の中央部の焼土は分析の結果、針葉樹の炭化物や稲藁の灰を含んでいることが明らかになった。これも磁器焼成との関連性を強くうかがわせる。

ところで、出土する製品には「三楽園製《さんらくえん》」などの銘がみられた。三楽園焼は水野家の御庭焼の名だが、これまで焼かれていた場所や技術といったことは不明だった。この遺跡の発掘によって、三楽園焼の実態が明らかになったのである。

図 112

三楽園焼とその未製品

紫、青、黄といった華やかさが「交趾(こうち)写し」の特徴。
白色のものは施釉前の未製品。(18)

図 113

出土した窯道具

トチン（写真上段）、ハマ（中ほどの円盤状のもの）は製品の下に敷き、
焼成中の歪みを防いだ。焼物生産が行われていた証拠。(18)

「数寄の殿様」 徳川治寶

三楽園焼は、幕末の嘉永五年（一八五二）からわずか八年間だけ存続した水野家の御庭焼である。発掘で明らかになったように、牛込の下屋敷で操業され、プロデューサーは九代当主水野忠央《ただなか》であった。忠央と三楽園焼の因縁を語るには、約半世紀前に時計の針を戻す必要がある。

京都小川通。茶の湯の表千家と裏千家とが隣り合って通りに面している。ともに千利休の系統を引き継いでいるが、その表門の佇まいはじつに対照的だ。

檜皮葺《ひわだぶき》の軒先に、竹樋が直線状にのびる兜門《かぶともん》が裏千家。一方の表千家は瓦葺の重層門《じゅうそうもん》で、漆喰の壁の虫籠窓《むしこ》が特徴的な武家構えの門である（図114）。

江戸時代、茶の湯が大名の嗜みだったことから、両千家も大名家へ茶頭《さどう》として出仕している。先ほどみた楽々園焼をプロデュースした徳川斉荘は、実家である田安家にいた頃から裏千家（玄々斎）に茶の湯を学び、尾張藩主となってからも玄々斎を引き立てた。一方、紀州藩は代々表千家が茶頭として仕えている。しかしなぜ、表千家が武家門を構えているのか。これもまた、大名のホビーに深いかかわりがある。

歴代の紀州藩主の中で、とりわけ一〇代藩主徳川治寶《はるとみ》は茶の湯に造詣が深く、了々斎《りょうりょうさい》（表千家九代）より皆伝を授かるほどの腕前だった。了々斎晩年の文政五年（一八二二）には、治寶を自邸に招き、茶事が催されている。表千家の表門はこの際に、紀州藩によって建てられたものなのである。大名のホビーとともに、門の持つ意味について考えさせられるエピソードである。付け加えると、了々斎が亡くなったとき、家督を継いだ吸江斎《きゅうこうさい》はまだ一〇代半ば。吸江斎は後に、治寶より皆伝を授けられることになる。茶の湯を愛好した大名は多いが、家元継承の危機まで救った大名はめずらしい。

この治寶が、和歌山に建てた別邸（西浜御殿）の庭園に、御庭焼の窯を築いたのが文政二年（一八一九）のこと。庭園の名をとって偕楽園焼《かいらくえんやき》とよばれている（なお、西浜御殿のもう一つの庭園である養翠園《ようすいえん》は、浜離宮とともに現存する貴重な汐入庭園である）。

偕楽園焼が目指したのは「交趾焼《こうちやき》」。中国南部で作られる、黄、緑、紫、白など多彩な釉薬がかかる焼物で、茶の湯では珍重されていた。治寶は了々斎や吸江斎をはじめ、当時の茶陶の名工、旦入《たんにゅう》や永楽保全《えいらくほぜん》らを招き、「交趾写し」とよばれる類似した偕楽園焼の焼成に取り組んだ。

大名への夢

そんな「数寄の殿様」治寶も、文政六年（一八二三）に国元で起こった大規模な一揆で引退する。その後、紀州藩の藩主は目まぐるしく変わるが、治寶は隠居後も藩政の実権を握り、偕楽園焼も存続する。その間、水野忠央は、天保六年（一八三五）にわずか四歳で一三代藩主となった徳川慶福《よしとみ》を、付家老として補佐していた。

しかし、嘉永五年（一八五二）に治寶が亡くなると、偕楽園焼は廃絶してしまう。この偕楽園焼の交趾写しを継承したい、という思いで始められたのが三楽園焼なのである。

水野家歴代の当主もまた、茶の湯に造詣が深かった（江戸に千家の茶を広めた川上不白《ふはく》が水野家家臣の次男だったのも、それに関係がある）。鮮やかな釉色を発する交趾焼は茶人にとって憧れの

図 114　**京都・表千家の表門**

徳川治寶を迎え茶事を催した際に、
紀州藩より拝領した。

品である。その雰囲気を醸し出すことに成功した偕楽園焼が廃絶されるのが、忠央にとってはじつに残念でならなかったのである。

改めて出土した三楽園焼をみてみよう（図112）。偕楽園焼と同様、交趾写しの品々である。中央奥の花生《はないけ》などの紫や青の発色こそ、忠央の目指した交趾釉である。また、前列左から三つ目の碗は、赤・青・黄・紺で描かれた花が鮮やかな「更紗手《さらさで》」という手法による碗である。

治寶の死去によって偕楽園焼が廃絶することを危惧し、自らの屋敷でそれに代わる交趾写しの焼成を行う。その一方で、治寶に替わって藩政の実権を握っていく――三楽園焼には、三万五〇〇〇石でありながら、あくまでも藩の付家老という陪臣だった水野忠央の、大名昇格への切なる夢が根底にあったのではなかったか。

嘉永六年（一八五三）より、将軍は一三代家定になった。家定は病弱なうえに、いまだ世嗣がいない。忠央はここで井伊直弼《なおすけ》と組む。南紀派とよばれる、家茂《いえもち》を将軍にしようとする政治勢力だ。そして安政五年（一八五八）、家茂は一四代将軍となる。何であろう将軍家茂こそ、付家老として仕えてきた紀州藩主徳川慶福だった。将軍側近ともなれば、水野家の大名昇格の夢も現実味を帯びる。そう、安政七年（一八六〇）三月の雪の日、井伊直弼が江戸城桜田門外で斃されることがなければ。

三楽園焼は徳川治寶が亡くなった年に始まり、自身が失脚する桜田門外の変の年に終わる。そして水野家を新宮《しんぐう》藩の大名と認めたのは、将軍家ではなく朝廷だった。忠央がこの世を去って三年が経った、慶応四年（一八六八）一月、明治へと改元される目前のことだった。

三楽園焼の深く光沢を発する釉色は、忠央のみた夢の色か、それとも無念の泪なのか。

写真・図の提供、所蔵者一覧

◎写真
p. 4・5　聖母マリアのメダル、ロザリオ：千代田区教育委員会
図 1：国土地理院「東京都区部」1:25,000 デジタル標高地形図
図 2：明治大学博物館
図 3：東京都教育委員会（国立歴史民俗博物館所蔵）
図 4・63 〜 65・67 〜 70・73・76 〜 83・96 〜 99・103 〜 105・108・109：東京都教育委員会
図 6・15・16・19・21 〜 23・35 〜 38・40・41・46：千代田区教育委員会
図 12：東京都立中央図書館東京誌料文庫
図 13：宮内庁書陵部
図 17・20：東京国立近代美術館遺跡調査委員会『竹橋門　江戸城址北丸竹橋門地区発掘調査報告』より
図 18：江戸城跡北の丸公園地区遺跡調査会、他『江戸城跡北の丸公園地区遺跡』より
図 28・92・93・112・113：新宿区教育委員会
図 32：地下鉄 7 号線溜池・駒込間遺跡調査会『江戸城外堀跡　赤坂御門・喰違土橋』より
図 42：中央区教育委員会
図 44：千代田区教育委員会『江戸城の考古学―江戸城跡・江戸城外堀跡の発掘報告―』より
図 48・50 〜 53・55・57・58・85 〜 87：東京大学埋蔵文化財調査室
図 59：国立国会図書館
図 60：名古屋市蓬左文庫
図 62：徳川林政史研究所
図 75：東京大学大学院工学系研究科建築学専攻
図 84：品川区教育委員会
図 90：新宿歴史博物館
図 91：新宿区戸山遺跡調査会『尾張徳川家下屋敷Ⅱ』より
図 111：新宿区生涯学習財団、他『水野原遺跡』第 2 分冊より

◎図版
図 24：千代田区立四番町歴史民俗資料館『江戸城の堀と石垣　発掘された江戸城』より（一部改変）
図 31：地下鉄 7 号線溜池・駒込間遺跡調査会『江戸城外堀跡　赤坂御門・喰違土橋』より
図 39：千代田区丸の内一丁目遺跡調査会、他『丸の内一丁目遺跡Ⅰ・Ⅱ』
図 49・56：追川吉生『江戸のミクロコスモス・加賀藩江戸屋敷』より

上記以外は著者

著者紹介

追川吉生　（おいかわ・よしお）

1971年東京生まれ。明治大学大学院博士前期課程修了。

明治大学考古学博物館を経て、現在、東京大学大学院人文社会系研究科助手。日本考古学専攻。

著　書　『江戸のミクロコスモス・加賀藩江戸屋敷』（シリーズ「遺跡を学ぶ」011、新泉社）

江戸のなりたち［1］
江戸城・大名屋敷

2007年 8月 1日　第1版第1刷発行

著　者＝追川吉生
発行者＝株式会社 新 泉 社
東京都文京区本郷2-5-12
振替・00170-4-160936番　TEL03(3815)1662／FAX03(3815)1422
印刷／萩原印刷　製本／榎本製本

ISBN978-4-7877-0618-8　C1021

シリーズ「遺跡を学ぶ」０１１

江戸のミクロコスモス・加賀藩江戸屋敷

追川吉生著　Ａ５判96頁オールカラー　１５００円＋税

東京大学・本郷キャンパスは戦災をまぬがれ、その後急激な再開発が行われなかったため、江戸時代の遺構が良好な状態でのこされた。上は藩主から下は奉公人まで、数千人は暮らしていたといわれる「江戸の小宇宙」加賀藩本郷邸の姿を明らかにする。

◎目次

シリーズ「遺跡を学ぶ」 第Ⅰ期全31冊

A5判96頁オールカラー
各1500円＋税

001
米村 衛
北辺の海の民・モヨロ貝塚
六世紀、北の大陸からオホーツク海沿岸にやって来たオホーツク文化人が花開かせた独自の文化をモヨロ貝塚から明らかにする。

002
木戸雅寿
天下布武の城・安土城
織田信長が建てた特異な城としていくたの映画・TVドラマで描かれてきた安土城の真実の姿を考古学的調査から明らかにする。

003
若狭 徹
古墳時代の地域社会復元・三ツ寺Ⅰ遺跡
群馬県南西部に残されていた首長の館跡や古墳、水田経営の跡、渡来人の遺物などから、五世紀の地域社会の全体像を復元する。

004
勅使河原 彰
原始集落を掘る・尖石遺跡
八ヶ岳西南麓に栄えた縄文集落の解明、そして遺跡の保存へと、みずからの生涯を賭けた地元研究者・宮坂英弌の軌跡をたどる。

005
大橋康二
世界をリードした磁器窯・肥前窯
一七世紀後半、肥前磁器は遠くヨーロッパに流通した。それはなぜか？ 考古学的調査から肥前窯の技術・生産・流通を紹介する。

006
小林康男
五千年におよぶムラ・平出遺跡
縄文から現代まで連綿と人びとの暮らしが営まれてきた平出の地。縄文・古墳・平安の集落を復元し、人びとの生活ぶりを描く。

007
木﨑康弘
豊饒の海の縄文文化・曽畑貝塚
干潟が育む豊富な魚介類を糧に有明海沿岸には多くの貝塚がつくられた。朝鮮半島から沖縄諸島にひろがる海の縄文文化を語る。

008
佐々木憲一
未盗掘石室の発見・雪野山古墳
琵琶湖東南部に位置する雪野山の未盗掘石室で出土した三角縁神獣鏡などの副葬品から古墳時代前期の地域首長の姿を解明する。

009
堤 隆
氷河期を生き抜いた狩人・矢出川遺跡
氷河期末、長野県八ヶ岳野辺山高原にやって来た狩人たちの移動生活と適応戦略に、細石刃と呼ばれる小さな石器から迫る。

010 柳沢一男

描かれた黄泉の世界・王塚古墳

石室を埋めつくす華麗・複雑な図文は何を意味するのか。壁画制作の背景に何があるのか。朝鮮・中国の壁画古墳研究から追究。

011 追川吉生

江戸のミクロコスモス・加賀藩江戸屋敷

能舞台・庭園・長屋跡等の遺構と大皿・かんざし・通い徳利等の遺物から、三千人は暮らしていた〝江戸の小宇宙〟を再現する。

012 木村英明

北の黒曜石の道・白滝遺跡群

世界有数の黒曜石産地、北海道・白滝での旧石器時代の石器生産システムとシベリアにおよぶ北の物流ネットワークを解説する。

013 弓場紀知

古代祭祀とシルクロードの終着地・沖ノ島

岩上・岩陰の神殿におかれた貴重な奉献品の数々は何を意味するのか。大陸・韓半島の遺跡遺物との比較研究から明らかにする。

014 池谷信之

黒潮を渡った黒曜石・見高段間遺跡

太平洋上の神津島から六〇キロメートル、黒潮を渡った黒曜石はこの伊豆・見高段間集落を拠点として南関東一円に流通した。

015 高田和徳

縄文のイエとムラの風景・御所野遺跡

焼失住居跡の調査による土屋根住居の復原、竪穴住居群の有機的関連を考慮した縄文ムラの復原で縄文の風景をよみがえらせる。

016 高橋一夫

鉄剣銘一一五文字の謎に迫る・埼玉古墳群

世紀の大発見といわれた埼玉県・稲荷山古墳出土の金錯銘鉄剣。銘文の内容を埼玉古墳群全体の考古学的検討から明らかにする。

017 秋元信夫

石にこめた縄文人の祈り・大湯環状列石

北東北の台地にある直径五〇メートル近くの二つのストーンサークル。周辺の配石遺構を含めて縄文人の祈りの空間を復元する。

018 近藤義郎

土器製塩の島・喜兵衛島製塩遺跡と古墳

瀬戸内海の無人島に残された古墳群と、浜辺に散乱するおびただしい量の師楽式土器片から、製塩の島、喜兵衛島の謎を解く。

019 堀越正行

縄文の社会構造をのぞく・姥山貝塚

縄文社会像の基準確立に貢献した、千葉県・姥山貝塚の埋葬人骨等の考古学的検討から縄文の家族や集団、社会構造をかいまみる。

020 小笠原好彦

大仏造立の都・紫香楽宮

なぜ聖武天皇は、山深い里で大仏造立を計画したのか。恭仁京、難波京、紫香楽宮へと彷徨する天皇を追い、その意味を考える。

021
飯村 均
律令国家の対蝦夷政策・相馬の製鉄遺跡群
七世紀後半〜九世紀にかけ大量の武器・農耕具・仏具を生産し律令国家の東北支配拡大を支えた古代製鉄の全貌を明らかにする。

022
長嶺正秀
筑紫政権からヤマト政権へ・豊前石塚山古墳
北部九州で最大、最古の前方後円墳。その被葬者はヤマト政権と密接な関わりをもち大陸へのルートを確保する役割を担った。

023
秋山浩三
弥生実年代と都市論のゆくえ・池上曽根遺跡
巨大環濠集落・池上曽根の中央付近から発見された「神殿」を思わせる大形建物から、弥生実年代の見直しと「都市」論を考察。

024
常松幹雄
最古の王墓・吉武高木遺跡
大型の甕棺墓・木棺墓には、三種の神器を彷彿とさせる「鏡・玉・剣」の三点セットの副葬もあった。弥生の最古の王墓である。

025
須藤隆司
石槍革命・八風山遺跡群
石槍の発明と革新で、後期旧石器時代の幕開けと縄文への移行を築いた八風山。石槍にこめられた歴史変動の姿を明らかにする。

026
河上邦彦
大和葛城の大古墳群・馬見古墳群
奈良盆地の西部に築かれた大古墳群。大和盆地を東西に二分する勢力、天皇家と葛城氏の興亡を背景とした古墳群の盛衰を語る。

027
新東晃一
南九州に栄えた縄文文化・上野原遺跡
桜島を対岸に望む鹿児島・上野原台地。厚い火山灰に縄文最古といえる定住集落と先進的な縄文文化を伝える遺物が埋もれていた。

028
中村 浩
泉北丘陵に広がる須恵器窯・陶邑遺跡群
窯の構造と流通、集落をふくめた生産の全貌を明らかにするとともに、古墳の年代比定に貢献する須恵器編年をわかりやすく解説。

029
辻 秀人
東北古墳研究の原点・会津大塚山古墳
三角縁神獣鏡が出土した列島最北の古墳を、周辺の古墳群や弥生遺跡と関連させて、北の古墳時代社会が成立していく過程に迫る。

030
小菅将夫
赤城山麓の三万年前のムラ・下触牛伏遺跡
石器群が直径五〇メートルのドーナツ状に連なって発見された「環状ブロック群」から、太古のムラと人びとの暮らしを垣間見る。

別冊01
黒耀石体験ミュージアム
黒耀石の原産地を探る・鷹山遺跡群
旧石器から縄文時代、黒耀石を全国に供給し続けた長野県・鷹山遺跡群。広大な森林に眠っていた黒耀石流通基地の実態に迫る。

シリーズ「遺跡を学ぶ」第Ⅱ期全20冊（毎月1冊刊行中）

031
日本考古学の原点・大森貝塚
加藤 緑

一三〇年前、来日すぐのモースは大森停車場近くの線路際に貝塚を発見した。こうして始まる日本初の考古学的発掘を解説する。

032
斑鳩に眠る二人の貴公子・藤ノ木古墳
前園実知雄

法隆寺のすぐ近くの大円墳。千年以上の時を経て開かれた朱塗りの石棺には、豪華な副葬品とともに二人の人物が眠っていた。

033
聖なる水の祀りと古代王権・天白磐座遺跡
辰巳和弘

浜名湖へ流れる河川を見下ろす巨大な岩群れ。地域の古墳調査と地域王権の古代学的追究を交え、その祭祀者の姿を解き明かす。

034
吉備の弥生大首長墓・楯築弥生墳丘墓
福本 明

日本列島の古代史に独特の光を放つ吉備。その中心地にある大首長墓から、弥生の葬送祭祀と前方後円墳出現への道筋をさぐる。

035
最初の巨大古墳・箸墓古墳
清水眞一

三世紀最大の墳墓・箸墓古墳は、なぜ大和政権発祥の地に築かれたのか、本当に卑弥呼の墓なのか、考古学的調査から考察する。

036
中国山地の縄文文化・帝釈峡遺跡群
河瀬正利

広島県の名勝地・帝釈峡。この渓谷の洞穴・岩陰に暮らした縄文人の遺構と生活道具から中国山地の多彩な縄文文化を紹介する。

037
縄文文化の起源をさぐる・小瀬ヶ沢・室谷洞窟
小熊博史

新潟県・阿賀野川流域の山あいにある縄文草創期の文化を物語る二つの洞窟遺跡の全貌を、中村孝三郎の探求の軌跡と共に追う。

038
世界航路へ誘う港市・長崎・平戸
川口洋平

平戸オランダ商館跡、長崎旧六町・出島・唐人屋敷などの最新の発掘成果から世界に開かれた港市のダイナミックな歴史に迫る。